考古学と古代史のあいだ

白石太一郎

筑摩書房

目次

序章　考古学と古代史のあいだをさまよう
考古学との出合い……10
歴史を学ぶ意味……13
日本古代史への関心……15
古代史をやるか、考古学をやるか……17
歴史を掘り出す……23
考古学と古代史の協業……29

第一章　『魏志《ぎし》』倭人伝《わじんでん》と考古学

邪馬台国《やまたいこく》はどこか……38
倭国《わこく》はどうして成立したのか……46
倭国の成立はいつか……53
『魏志』倭人伝の風俗記事……62

第二章　ヤマト政権の成立

邪馬台国と狗奴国《くなこく》……70
邪馬台国連合から初期ヤマト政権へ……79
初期ヤマト王権の基盤とその原領域……91
王と巫女《みこ》……102

第三章　記・紀の王統譜は信じられるか
王墓の移動……116
盟主権移動の背景……129
古代の王墓と天皇陵……136
ヤマト王権と地域政権……142
第四章　稲荷山鉄剣《いなりやまてつけん》と江田船山大刀《えたふなやまのたち》
稲荷山古墳と稲荷山鉄剣……156
江田船山古墳と江田船山大刀……164
王から大王へ……178
終　章　倭国の文明化と古代国家の形成

騎馬民族はやってきたのか……188
倭国の文明化をもたらしたもの……199
古代国家への道……202

文庫版へのあとがき 217
解　説　森下章司 221

考古学と古代史のあいだ

序章　考古学と古代史のあいだをさまよう

考古学との出合い

私は大阪市で生まれ、そこで育ちました。戦争による空襲などがひどくなった一九四五年に、京都と奈良の間の富野荘村《とのしょう》（現城陽市《じょうようし》）というところに一家で疎開し、ほぼ小学校の六年間をこの地で過ごしました。ここが京都と奈良のちょうど中間ということもあって、父母に連れられてよく奈良や京都のお寺や史蹟巡《しせきめぐ》りに出かけました。父は大阪で燃料卸商を営んでいた商人ですが、なぜか古建築や仏像彫刻などに関心をもっていたようで、家には和辻哲郎《わつじてつろう》の『古寺巡礼《こじじゅんれい》』や平凡社の世界美術全集などがあり、法隆寺や東大寺の三月堂などにも何度か連れていかれた記憶があります。

小学六年生の時に大阪にもどりましたが、中学一年生のころ、父に堺《さかい》の東の郊外にある仁徳《にんとく》天皇の御陵《ごりょう》に連れていかれ、二人でその周りを一周しました。当時はまだ御陵の周辺に民家などはほとんどなく、濠《ほり》の外堤を一周することができました。三重の濠の内部はもちろんうかがうことはできませんが、その内側がどのようになっているのか大きな興味を覚えたことを記憶しています。それ以後、何度か仁徳天皇陵のある百舌鳥《もず》や応《おう》神《じん》天皇陵のある大阪の東南郊の古市《ふるいち》へ出かけるようになりました。

さらに父が京都で求めてきた、考古学者の末永雅雄《すえながまさお》先生が著された『大和《やまと》の古墳』（京都河原《かわはら》書店、一九五〇年）という小さな書物は、私の古墳への関心をいやがうえにもかき立てるものでした。この本のおかげで、百舌鳥や古市の御陵ではうかがえない古墳の濠の内側の墳丘のようすや、さらには埋葬施設である石室などが観察できる古墳が数多くあることを知ることができました。それ以後、土曜日の午後や日曜日などに、この本を片手に大和（奈良県）の古墳をまわることが多くなりました。ガイドブックになった『大和の古墳』の目次には、見学した古墳の名称の上に赤鉛筆で○印をつけていきましたが、中学から高校にすすむころには、この本に収録されている古墳はすべて見終えてしまいました。

大阪府堺市大仙陵古墳（現仁徳天皇陵）
（宮内庁書陵部）

歴史を学ぶ意味

私が通った中学と高校は、大阪の四天王寺《してんのうじ》のちかくにあった星光学院というカトリック系のミッションスクールで、今でこそよく耳にするようになりましたが、当時では珍しい中・高一貫教育をめざした特異な学校でした。私が中学時代に大和《やまと》や河内《かわち》の古墳歩きができたのも、高校入試の心配のない学校であったからでしょう。先生方にもユニークな教え方をされる方が数多くおられました。

中学三年生の時に世界史を担当されたのは、この学校を経営するサレジオ会という修道会の、若い修道士の尾方昭二《おがたしょうじ》先生という方でした。東大の哲学科を出られた方とうかがっていましたが、その授業がまたきわめてユニークなものでした。教科書などはまったくそっちのけで、オリエントからギリシア・ローマ、さらに宗教改革やルネッサンスといった重要な事項ごとに、その世界史的な意味についてご自分でまとめられた文章を口述筆記させるというものでした。この世界史の授業では、細かなことはまったく出てきません。ほんとうに大切なことがらについて、その出来事がもつ歴史的な意義を教えられたのです。

この口述筆記は生徒たちにはあまり評判がよくなかったようですが、私にはこの授業がとても楽しみだったのを記憶しています。また尾方《おがた》先生は、先生の授業の種本が、当時大阪の創元社《そうげんしゃ》という出版社から出ていた『京大西洋史』という本であることを教えてくださいました。この『京大西洋史』は、京大の西洋史研究室関係の先生方が分担執筆された大学の教養課程用の概説書です。それを嚙《か》みくだいてやさしくされたとはいえ、これを中学生に筆記させるのは、ずいぶん乱暴な授業です。しかし、私にはそれがとても面白く、歴史を学ぶことの意味がおぼろげながらにもわかったような気がしました。そして、ついにこの『京大西洋史』全一〇冊を買い求めることになってしまいました。この時買った『京大西洋史』の何冊かは、今もぼろぼろになって書架にのこっています。

現在私は、高等学校の日本史教科書の、古い時代の部分の執筆をお手伝いしています。受験指導の立場から、細かな事項についても記述を求められる現場の先生方の要請もあって、とても尾方先生の授業のように大胆な歴史教科書がつくれないことを、いつも残念に思っています。いずれにしても、この尾方先生の授業が、歴史がたんに出来事の羅列ではなく、その出来事が日本の、あるいは西洋世界の歴史の流れのなかでどのような意味をもち、どのような役割を果たしたのかを考える興味深い学問であることを教えてくれたことは、まちがいありません。

日本古代史への関心

『京大西洋史』の縁で、高校一年のころには、同じ出版社から出ていた『京大日本史』を買い求めることになりました。この時求めた『京大日本史』、とりわけその第一巻から知った日本古代史の魅力が、どうもその後の私の人生の方向をきめさせるきっかけになったようです。この第一巻は『日本の黎明《れいめい》』という書名で、文献による古代史研究者の三品彰英《みしなしょうえい》、横田健一《よこたけんいち》両先生と考古学の小林行雄《こばやしゆきお》先生の三人の共著によるものでした。

この本では、民族学や朝鮮史にも造詣《ぞうけい》の深い三品先生が、古代史研究の意義や方法、日本民族の成り立ち、中国文献からみた原始日本、朝鮮半島とのかかわりなどを、横田先生が古代社会の成り立ちや、記・紀（『古事記』と『日本書紀』のこと）の史料としての性格やその研究法について、さらに小林行雄先生が考古学からみた原始日本について書いておられました。高校一年生の私に、どれほど理解できたかはわかりませんが、ともかくこの本のすべてが面白く、一気に読み上げたことを覚えています。この『日本の黎明《れいめい》』という本が、古墳の魅力に取り憑《つ》かれていた私の関心を、古墳がつくられた時代そのものへの関心へと導いてくれたことは、まちがいなさそうです。

この本では、縄文時代から古墳時代までの、考古学研究の到達点を簡潔にまとめられた小林行雄《こばやしゆきお》先生の書かれたところも勉強になりましたが、それよりも、三品《みしな》・横田《よこた》両先生の奈良時代以前の古代史の研究の方法や、その成果をまとめられた部分が面白く、何度も何度も読み返しました。今も本棚のすみにあるこの本には、赤鉛筆で引かれたアンダーラインが鮮明に残っています。とくに、奈良時代に書かれた記・紀からそれ以前の時代の歴史を考えるには、まず徹底的な原典批判が必要なこと、適切な史料批判をすれば、記・紀からもいろいろな歴史的事実が引き出せる可能性が秘められていることを教えられました。

さらに、私が高校二年生の終わりごろから刊行がはじまった、河出《かわで》書房の『日本考古学講座』も、戦後の新しい考古学研究の動向とその成果の面白さを実感させてくれるものでした。ことに第五巻の『古墳時代』の巻には、当時まだ二十代の新進気鋭の考古学研究者であった横山浩一《よこやまこういち》さん、楢崎彰一《ならさきしょういち》さん、近藤義郎《こんどうよしろう》さんが、それぞれ前期古墳文化、中期古墳文化、後期古墳文化の特質について執筆しておられ、高校生の私にはあまりにも難解でしたが、古墳がこれからの古代史研究にきわめて大きな役割を果たすことを実感させるものでした。

またこの巻には、各地域の古墳のあり方をまとめた小論文があり、「畿内《きない》（近畿中部）」の部分を、やはり若き日の森浩一《もりこういち》さんが執筆しておられました。この論文は、畿内の古墳の全体像と、それぞれの地域の主要な古墳の歴史的位置付けをわかりやすく解説したもので、それまでたんに表面的な興味から見てまわっていた近畿地方の古墳が、古代史研究のうえでも重要な役割を果たすものであることを、おぼろげながらにも認識させられました。こうして、高校を終えるころには、大学では日本の古代史か考古学を勉強することを決めていました。

古代史をやるか、考古学をやるか

一九五七年には、同志社《どうししゃ》大学の文学部に入学しました。関西で古代史や考古学の勉強をするには京都大学がもっとも望ましいことはわかっていましたが、はやくから理科系の勉強をあきらめていた私には、京都大学はとうてい無理でした。同志社を選んだ理由は、なんとか入れそうだということと、『京大日本史』第一巻の『日本の黎明《れいめい》』で強い刺激を受けた三品彰英《みしなしようえい》先生がおられたこと、また考古学の研究室もあり、『日本考古学講座』で「畿内《きない》」の古墳について書いておられた森浩一《もりこういち》さんが大学院に在学しておられることなどがわかっていたからでしょう。

入学してまず困ったことは、大学で古代史をやるのか、考古学をやるのかを決めなければならなかったことです。いちおう、日本文化史専攻を選んでいたので、古代史にするか考古学にするかはゆっくり考えてよかったのですが、当時の私は、コースをはやく決めなければ本格的な勉強ができないと思いこんでいました。考古学の研究室に顔を出したり、古代史の研究会に参加したりしていましたが、どちらにも大きな関心があり、なかなか決められません。ただ一、二度、歴史学研究会の古代史部会にくわわっていた学友に連れられて、立命館《りつめいかん》大学で開かれていた古代史の研究会に参加してみたことがあります。

そこで驚いたのは、報告者が具体的な日本古代史上の課題の話に入るまえに、まずマルクスの原典（『資本制生産に先行する諸形態』と『ヴェラ・ザスリッチ宛《あて》の手紙』だったと思いますが）の一部を朗読し、そのテキスト解釈に関する解説を長時間やられ、その後でつけ足しのように本論を展開されたことです。これは当時さかんだったアジア的生産様式に関する論争に関連するものでしたが、当時の私には、その内容も、またその研究会の進め方自体も理解をこえたものでした。

私も戦後間もない冷戦時代の一九五〇年代に大学に入った者ですから、マルクス主義には大きな関心をもっていました。ただカトリックのミッションスクールからいきなり大学に入った私にとっては、当時の大学の思想的状況はかなりきびしいもので、それなりに悩んだものです。とくにこの古代史の研究会での原典朗読は、まるで教会での聖書の朗読のように思え、信仰の世界と学問の世界はまったく別だと思っていた私には、その違和感はぬぐえませんでした。

もちろん大学の中には、こうしたマルクス主義歴史学を基調とする歴史学研究会以外にも歴史の研究サークルはあり、何度か参加したこともありますが、こちらにもとくに大きな魅力は感じませんでした。また三品先生の講義なども、三年次以降にならないと受講できない仕組みになっており、すぐにその講義を聞くことはできませんでした。

一方、考古学では、縄文時代の貝塚の研究者として著名な酒詰仲男《さかづめなかお》先生が教授としておられました。また酒詰先生を中心に考古学の研究室（正式には考古学実習室）があり、学部の学生や大学院生がいて、発掘してきた土器や石器などの、水洗、接合、復元、さらに実測などの作業が行われていました。そこは酒詰《さかづめ》先生のオープンで自由なお人柄もあって、多くの学生が集まり、家庭的な雰囲気で資料整理をしたり、本を読んだりしていました。

また、大学院の博士課程には、のちに大阪市立博物館主任学芸員になられた安井良三《やすいりょうぞう》さん（歴史考古学専攻）、帝塚山《てづかやま》大学教授になられた堅田直《かただただし》さん（弥生・古墳時代専攻）、同志社《どうししゃ》大学教授になられた森浩一《もりこういち》さん（弥生・古墳時代専攻）、宇都宮《うつのみや》大学教授になられた石部正志《いしべまさし》さん（古墳時代専攻）が、修士課程には、のちに国立歴史民俗博物館考古研究部長になられた岡田茂弘《おかだしげひろ》さん（縄文時代専攻）などのすぐれた若い研究者がおられ、いつも考古学という学問への熱気がみなぎっていました。もっとも博士課程の方々は高校の教員をしたり、非常勤講師のアルバイトをしながら勉強をつづけておられたので、いつも研究室におられるわけではありませんが、随時顔をだされ、いろいろと考古学の基礎を教えていただきました。また定例の研究会では、酒詰先生の性格もあって、先輩・後輩の別など気にしない自由な雰囲気で活発な議論が行われていました。

このころは、まだ日本が敗戦の痛手から完全に立直れない時期で、考古学そのものを職業にすることなどまず考えられない時代でした。私なども、先生方や先輩から、「考古学などやっても飯が食えないぞ」とよく言われたものです。その当時、考古学そのものを職業としておられたのは、おそらく大学の先生が十数人、東京国立博物館などの博物館に数人、都道府県の文化財の担当職員が数人と、全部で三〇人程度であったのではないでしょうか。今は四〇人近くの考古学研究者を擁する奈良文化財研究所にも、考古学では坪井《つぼい》清足《きよたり》先生が一人おいでになったにすぎません。あとは、中学や高校の先生をしたり、他の職業を持ちながら研究をすすめている人が大部分でした。

現在、都道府県をはじめとする地方公共団体ないしそれらが設立した調査機関などで、埋蔵文化財の調査や研究に従事する職員が、嘱託をもあわせると数千人にもおよび、また大学や博物館にも多くの考古学研究者がいますが、まさに隔世の感がします。

こうした、必ずしも明るい見通しもないきびしい条件のなかで、学問に打ちこんでおられる大学院の方々の考古学への情熱は、まだ二〇歳前の私に大きな刺激と勇気をあたえてくれました。私と同時に同志社へ入学し、最初から考古学をやることに決めていた石附《いしづき》喜三男《きさお》君の影響もあって、私もしだいに考古学の世界へのめりこんで行きました。ただ、文献による古代史研究へのあこがれも決してなくなったわけではありません。

この時期に大きな影響をうけたのは、当時大阪市立大学におられた直木《なおき》孝次郎《こうじろう》先生の『日本古代国家の構造』（青木書店、一九五八年）という書物でした。そこには、私がもっとも関心をもつ大化前代（六四五年の大化改新より前の時代をいう）について、記・紀以外にも、正倉院文書《もんじょ》などの文献史料を用いた新鮮な研究の具体例や研究法を模索したすぐれた論文がいくつも収録されていました。文献史料にもとづく文献史学の方法によっても、奈良時代以前の研究が充分可能であることを教えてくれたこの著書から受けた刺激には、きわめて大きなものがありました。文献による古代史研究への思いがいよいよ断ちがたくなったのを記憶しています。

ほぼ同時期にでた上田《うえだ》正昭《まさあき》先生の『日本古代国家成立史の研究』（青木書店、一九五九年）も、直木先生の方法とはやや違った、文学や民俗学の方法をも取りこんだ刺激的な論文が収められていて、これまた私の考古学か古代史かという迷いを、いっそう深くするものでした。また、直木、上田両先生の本から教えられた井上光貞《いのうえみつさだ》先生の『日本古代史の諸問題——大化前代の国家と社会』（思索社刊、一九四九年）、さらに津田左右吉《つだそうきち》や折《おり》口信夫《くちしのぶ》の書物を、よくわからないながらもむさぼり読んだのもこのころのことです。

また大学では、当時大阪市立大学におられた角田《つのだ》文衛《ぶんえい》先生の「比較原始文化史」という講義がありました。この講義では、日本や東アジアにとどまらず、ヨーロッパや新大陸の原始・古代史にもおよぶ、まさに世界史的な視野にたつ重厚な内容に圧倒されました。この講義は石附《いしづき》君とともに、二年生のときから四年生まで毎年聴講しました。そこでは、世界史的視点の必要性と、文献史学と考古学を総合した「古代学」の構想が示され、これまた大きな影響をうけました。ただ、学部の学生の私には、考古学と古代史の総合などは夢のような話であり、また考古学、文献史学ともに、それぞれ長い研究の歴史をもち、正しい方法の習得にも長い年月を要することが予想され、二足の草鞋《わらじ》をはくことなどは考えられませんでした。考古学を選ぶか、文献による古代史を選ぶか、私の悩みはいよいよ深くなっていきました。

歴史を掘り出す

こうした考古学か、古代史かという迷いをおのずから解決してくれたのは、自らスコップをにぎって、過去の人びとの生きざまを掘り出すという、当時の私にはきわめて魅力的な発掘調査への参加でした。このころの同志社《どうししゃ》では、酒詰《さかづめ》先生の長期的な方針で、

福井県大飯町大島半島の浜禰遺跡

日本海沿岸をフィールドとする調査・研究がつづけられていました。私がもっとも長期間参加したのは、大学二年生の時から大学院時代を通して、一〇年ちかく関係した福井県若狭《わかさ》湾《わん》沿岸の、五世紀から一〇世紀ころにかけての製塩遺跡や、それら海浜集落などの古墳時代の群集墳の発掘調査です。

この調査は大学院の石部《いしべ》正志《まさし》さんをリーダーに実施したものですが、そのきっかけとなったのは、私が二年生の時の、酒詰《さかづめ》先生の若狭の大島半島への下見をかねた踏査でした。この大島半島は福井県大飯町《おおいちょう》にあり、小《お》浜《ばま》湾《わん》の西側を画する半島です。その後大規模な原子力発電所が建設され、環境も大きく変化してしまいましたが、当時は

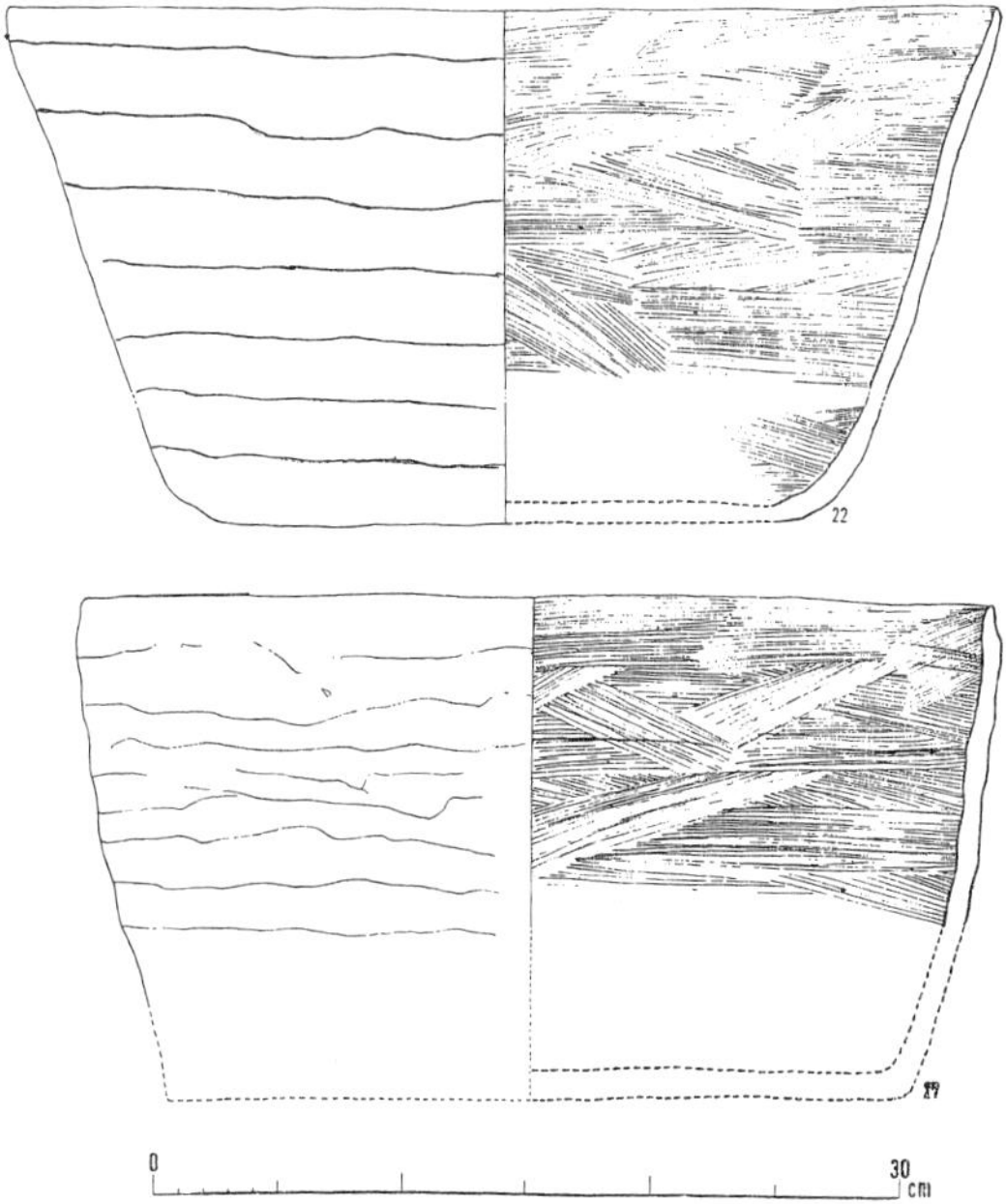

浜禰遺跡出土の奈良時代の製塩土器

文字どおり「大島」で、半島といっても対岸の若狭本郷《わかさほんごう》から船で通うほかない陸の孤島でした。この踏査には私もお供しましたが、こうした陸の孤島に、決して小さくない横穴式石室をもつ円墳が数多く営まれていることに驚かされました。

また半島の先端部に近い海浜の浜禰《はまね》遺跡では、地表に赤焼きで厚手の粗製土器の破片が無数に散らばっていました。私は、こうした海浜で多量の粗製土器を使うのは塩焼き以外には考えられず、この遺跡は古代の製塩村落にほかならないのではないかと思いました。研究室に帰って、採集してきた土器をまえにして石部《いしべ》さんにこの考えを話したのですが、石部さんは慎重で必ずしも賛成してくれません。それはもっともで、当時瀬戸内海沿岸各地では、師楽式《しらくしき》土器とよばれる粗製の土器が古墳時代に製塩に用いられた土器であることが明らかにされていましたが、この浜禰遺跡の土器はずっと大型で、師楽式土器とは似ても似つかないものだったからです。

その後、大飯町《おおいちょう》には石部さんとも何度か踏査に出かけ、町の歴史を少しでも明らかにしたいという地元の方々の熱心な協力のもとに、大島半島を中心に広く大飯町内の古墳をはじめとする遺跡の調査がはじめられることになりました。浜禰遺跡についても、岡《おか》田茂弘《だしげひろ》さんをリーダーに発掘調査が行われ、粗製厚手の赤焼き土器をふくむ上層から掘りすすむと、下層にいくほど粗製土器が小型になり、最下層からは瀬戸内海沿岸の師楽式土器と共通する、底部に小さなラッパ形の脚台をもつ薄手の小型土器が発掘されました。これはこの地域の製塩土器がしだいに粗製厚手の大型土器に変化していったことを物語るものにほかなりません。この成果は私の最初の直感が正しかったことを示すものであり、ひそかに快哉《かいさい》をさけんだものです。

この若狭の大飯町での発掘調査は、若狭湾沿岸でも五世紀から一〇世紀ころにかけて土器製塩がさかんに行われていたこと、またそうした海浜村落でも、六～七世紀には数多くの小型の古墳が造営されていたことを明らかにしました。この調査は、考古学的方法による古代史の研究を地域において実践したものであり、この調査に参加できたことは、私の考古学への傾斜を決定的なものにしたといってよいでしょう。

また大学二年生のとき、岡田茂弘さんに連れられて、奈良国立文化財研究所と京都大学の方々が実施しておられた、京都市大宅廃寺《おおやけはいじ》の発掘調査に参加させていただきました。これは名神高速道路の建設に関連する事前発掘調査として実施されたもので、その後さかんになる国土の大規模開発にともなう事前発掘調査の先駆けでもありました。この調査への参加が縁で、その後奈良国立文化財研究所が実施した奈良県明日香《あすか》村の川原寺《かわらでら》や奈良市平城宮跡の初期の調査にもよんでいただき、こうした古代遺跡の大規模発掘の方法を学ぶことができました。そこでは考古学の坪井《つぼい》清足《きよたり》、建築史の杉山信三《すぎやましんぞう》両先生をはじめ、金関恕《かなせきひろし》、小野山節《おのやませつ》、田中琢《たなかみがく》、佐原真《さはらまこと》、水野正好《みずのまさよし》さんなど多くのすぐれた考古学研究者を知り、直接間接に大きな影響を受けることになりました。

高校二、三年の時、奈良国立文化財研究所が明日香《あすか》村の飛鳥寺《あすかでら》の発掘調査を行っていることを知り、橿原神宮前《かしはらじんぐうまえ》駅からバスに乗って二、三度見に行ったことがあります。この調査は、日本最古の仏教寺院である飛鳥寺が、塔を中心に、中・東・西の三金堂を配した特異な伽藍《がらん》配置をもつことを明らかにした画期的な調査でした。この時は、のちによく知ることになる研究所の考古学や建築史の先生方が、発掘された遺構をまえに熱心に議論をしておられるのを、はるかに離れて見学しながら、自分も将来こうした古代遺跡の調査に参加できたらどんなに幸せだろうか、と思ったものでした。そうした夢がわずか二年後にかなえられたことは大変な喜びでした。

このようにして、考古学か、古代史かという迷いも、現実に古代遺跡の発掘調査に参加するなかで、しだいに考古学の方向へと向かっていきました。ただ、古代史研究への未練も、けっして断ち切られたわけではありませんでした。

考古学と古代史の協業

こうして自分では考古学を選ぶことを決め、勉強をつづけました。しかし考古学を選ぶと決めてもなお、実際に考古学の勉強をつづけるなかで、文献史学と古代史のかかわりについての問題に悩まされることがたびたびありました。当時、私達が教えを受けた考古学の先生方には、この問題について二種類の、まったく異なる考え方がありました。その一方は、酒詰《さかづめ》先生に代表されるもので、遺跡・遺物を資料とする考古学と、文献史料を資料とする文献史学はまったく方法を異にする学問であり、両方の方法を混用することは許されないとするものです。酒詰先生は、同志社《どうししゃ》大学の英文科の卒業で、東京大学の理学部にあった人類学教室で研究をつづけてこられた先生で、自然科学的な研究法が基礎にあったこともこうした態度と無関係ではないようです。一方、先にふれた角田《つのだ》文衛《ぶんえい》先生などは、考古学と文献史学を総合することこそが古代史の解明を可能にするものであるとの立場をとっておられました。

誤解をおそれずに大胆にいえば、東大系の考古学の先生方には「峻別派《しゅんべつは》」が多く、京大系の先生方には「総合派」が多かったようです。これは揺籃期《ようらんき》の日本考古学の歴史とも関係しますが、東大では、明治のはじめのエドワード・S・モースの大森貝塚の発掘にはじまる考古学研究は理学部の人類学教室に受けつがれ、縄文時代を中心とする石器時代の研究に大きな役割を果たしていました。これに対し京大では、考古学は文学部の史学科に置かれ、史学科の先生方は近畿《きんき》各地の史跡の調査などでも、文献史学と考古学の協業をはやくから実践《じっせん》しておられました。ただ東京でも、戦前の帝室博物館の流れをくむ東京国立博物館系の先生方には、のちに明治大学の教授になられた後藤守一《ごとうしゅいち》先生のように、文献史料にも明るく、積極的に文献史料を利用してすぐれた考古学の論文をお書きになった方もおられます。

さきにもふれた石附喜三男《いしづききさお》君とは学部から大学院にかけての約一〇年間、ともに同志社《どうししゃ》で学びました。彼は北海道の出身で、北海道の擦文《さつもん》土器をともなう擦文文化の研究で学部の卒業論文を書きました。この擦文文化は、のちのアイヌ文化につながる文化と考えられており、彼の論文の主旨は、本州東北地方の土師器《はじき》やその文化の影響が北におよんで、それ以前の続縄文文化が変化したのが擦文文化にほかならず、それがアイヌ文化の源流となるというきわめて興味深いものでした。そしてこのことを主張するため、彼は単に擦文土器と土師器の比較研究だけではなく、文献史家の説を積極的に援用してこの論文を書きました。これが酒詰《さかづめ》先生のきびしい批判を受け、彼の卒業論文の点数はさんざんだったようです。

一方私の方は、近畿地方の横穴式石室をもつ群集墳の研究をすすめるための前提作業として、近畿の横穴式石室の編年的研究をやっており、これで卒論を書きました。たまたま研究の前提作業の段階の、考古学的な型式編年の研究だったためでしょうか、酒詰先生にはほめていただきました。石附君の研究にくらべると比較にならない、まだ歴史的研究の基礎作業の段階の仕事だったのですが、その点数は石附君のものよりはるかによかったようです。

なお石附君は、同志社の大学院を終えたあと、創設されたばかりの北海道の札幌《さっぽろ》大学に勤め、擦文文化とアイヌ文化の関係などについての研究をつづけていましたが、一九八六年に大腸癌《がん》によって四七歳の生涯を閉じてしまいます。日本列島史における北と南の役割の再検討がさかんな現在、彼が生きておれば、当然そうした動きのリーダー役を果たしていたであろうことを考えると、そのはやすぎる死は惜しみてもなおあまりあるものというほかありません。

酒詰《さかづめ》先生など峻別派《しゅんべつは》の先生方が、考古学の研究に文献史料を使ったり、文献史学の成果を用いたりすることをきびしく批判されたのには、正当な理由があります。文献史料を資料とする文献史学と、遺跡（都市、城館《じょうかん》、集落、神殿、寺院、耕地、生産工房跡、墳墓など人間が生きるために大地に働きかけた跡）と、遺物（土器、石器、青銅器、鉄器、木器など遺跡から出土するさまざまな品物や食料の残滓《ざんし》など）を資料とする考古学は、当然のことながらその資料操作の方法を異にします。したがって、資料操作の段階で両者をいっしょにすると、その方法的信頼性が保てなくなるというものです。また方法を異にする考古学と文献史学の研究でえられた成果が合致することで、相互の確実性が保証されるのに、それを資料操作の段階でごっちゃにしてしまうと、せっかくの相互検証の意味がなくなってしまうというわけです。

こうした考え方は、方法を異にする二つの学問が協業するさいの大原則であって、何も峻別派の先生方だけではなく、総合派の先生方にも共通する考え方であったことはいうまでもありません。私なども大学院時代の研究会などで何度か、総合派の先生からもそうした点できびしいご批判をいただいたこともあります。ただそうした当然守らなければならない方法的原則をこえて、峻別派の先生方が考古学と文献史学の協業にきわめて否定的であったことは間違いありません。いま考えても納得のいかないご批判をいただいたことも少なからずありました。

私は、文献史料がきわめて限られる古代史の研究においては、使える資料は考古資料であれ、文献史料であれ、積極的に使うべきだと思っています。ただその資料・史料操作の段階で、両者の方法を混用することはつつしむべきであると考えています。またそれぞれの資料・史料操作の方法については、考古学・文献史学ともに長い研究の歴史があって確立されてきたものですから、安易に他の分野の研究者が手をだすことにも慎重であるべきだと思います。そうした態度を堅持したうえで必要があれば、すでに史料批判をへた文献史料と考古学的な資料操作をへた考古資料を総合して、歴史を考察することは許されるし、また必要な研究法だと考えています。

現在の日本考古学の世界で、峻別派の代表格は岡山大学名誉教授の近藤義郎《こんどうよしろう》先生でしょう。先生は京都大学のご出身ですが、現在も考古学的資料と考古学的方法だけで、どこまで歴史を明らかにできるかを徹底して追求しておられます。最近先生がお書きになった『前方後円墳と吉備《きび》・大和《やまと》』（吉備人出版、二〇〇一年）というご本では、いっさいの文献史料を排する態度をつらぬいておられます。三世紀の吉備や大和を問題にしながらも、邪馬台国《やまたいこく》はもとより、何世紀といった暦年代もまったくでてきません。文献史料の安易な利用が目立つ最近の考古学への警鐘の意味も少なくないと思います。私は、この近藤先生の態度と信念は、考古学研究者の一つの立場として立派なものであると考えています。

ただ私自身は、考古学と文献史学の安易ななれあいではなく、さきにのべた方法上守らなければならない基本的原則を堅持したうえで、積極的に考古学と文献史学の協業をめざすべきであるという考えです。そうでなければ、関連分野の研究者や多くの市民が求める、日本における古代国家の形成過程をふまえた古代国家像、あるいは日本の古代文化の実像、その他さまざまな古代史上の疑問に答えることは困難だと考えるからです。また時代を少し下げて考えてみると、たとえば奈良時代の平城宮の調査や研究において、いっさいの文献史料を排除してどれほど意味があるのか疑問に思うからです。

この書物では、こうした考え方で過去四〇年間、考古学と古代史のあいだをさまよいながら、主として考古学的資料と方法を中心に考えてきたことがらのうち、日本列島における古代国家の形成過程と、日本の古代文化の形成に関する、現在までの私の研究の到達点を簡単に紹介することにしましょう。もちろんここに書くことは、私一人で明らかにしたことではなく、多くの考古学、あるいは文献による古代史研究者の研究成果をも取り入れたものであることはいうまでもありません。これを一つの素材に、考古学と文献史学それぞれの役割や両者のあるべき関係について、読者のみなさんにも考えていただければ幸いです。

第一章　『魏志《ぎし》』倭人伝《わじんでん》と考古学

邪馬台国《やまたいこく》はどこか

中国が魏《ぎ》・蜀《しょく》・呉《ご》の三国に分裂していた三国時代（二二〇〜二六五年）の歴史をまとめた歴史書である『三国志《さんごくし》』の中の『魏書《ぎしょ》』の東夷伝《とういでん》には、中国の正史（中国の王朝が、国家の事業として前王朝の歴史をまとめたもの）のなかでも珍しい長文の倭人《わじん》・倭国《わこく》に関する記載がみられます。一般に『魏志』倭人伝とよばれるものですが、そこには三世紀の日本列島の政治情勢、風俗、習慣、社会関係、さらに魏と倭国の外交交渉などについてくわしい記載があります。

この史料のなかでも、とくに多くの人びとが関心を持っているのは、三〇カ国近い倭人のクニグニを統属させていた倭国王である卑弥呼《ひみこ》のいた邪馬台国の所在地問題です。

この邪馬台国が近畿《きんき》の大和《やまと》にあったとすると、邪馬台国を盟主とする政治連合は、そのままのちのヤマト政権につながることになります。一方これが北部九州にあったとするると、ヤマト政権の形成以前に、九州を中心とする大規模な政治連合が存在したことになり、ヤマト政権はそれとは別に東方で形成され、西方の邪馬台国連合を制圧・統合したか、あるいは逆に邪馬台国が東遷《とうせん》してヤマト政権が形成されたということになります。

この邪馬台国の所在地をどこに求めるかは、日本列島における政治的まとまりの形成過程を考えるうえで鍵となる重要な問題です。『魏志』倭人伝が提起する問題はけっして邪馬台国の所在地問題だけではなく、当時の風俗、習慣、宗教、社会構成などを追求するうえに重要な手がかりとなる記事も数多くみられます。しかし邪馬台国が近畿にあったか、九州にあったかは、日本列島における政治的統合の過程、すなわち倭国の成立を考えるうえにきわめて大切な問題であり、多くの研究者がこの問題の解決に精力を傾注したのも理由のあることとなのです。

この邪馬台国の所在地問題は、『魏志』倭人伝という中国の文献史料に出てくる邪馬台国という国の所在地を問題にするものですから、それが文献史学上の問題であることはいうまでもありません。ただこの問題が、『魏志』倭人伝という文献史料の操作・解釈だけでは解決できない問題であることもまた、江戸時代以来の長い論争にもかかわらずいまだに解決していないことからも疑いのないところです。

ご承知のように『魏志《ぎし》』倭人伝《わじんでん》には、朝鮮半島におかれた魏の植民地である帯方郡《たいほうぐん》(現在の黄海道から京畿道北部)から対馬国《つしまこく》、一支《いき》(壱岐)国《こく》、さらに伊都国《いとこく》(福岡県前原《まえばる》市から福岡市西部にあったクニ)、奴国《なこく》(現在の福岡市付近にあったクニ)など玄界灘《げんかいなだ》沿岸のクニグニをへて、邪馬台国《やまたいこく》にいたる道筋の方位と距離についてのくわしい記載がありますす。ただこの記載どおりに邪馬台国の位置をさぐると、それは九州島のはるか南の海上に求めざるをえません。九州説をとる場合には倭人伝の距離に関する記載を修正するほかなく、また大和説をとるには方位に関する記載を修正せざるをえません。『魏志』倭人伝には史料としての大きな限界があることは明らかです。

私は「邪馬台国はどこにあるのか」という設問でこの問題を考えたことはありません。それは考古学の問題ではないからです。ただ考古学的な方法によって日本列島における広域の政治連合の形成過程を追求するなかで、『魏志』倭人伝にいう邪馬台国が近畿《きんき》の大和《やまと》にほかならないと考えざるをえなくなってきたのです。

まず次頁の図をみてください。この図は、西日本における古墳時代初頭の主要な古墳

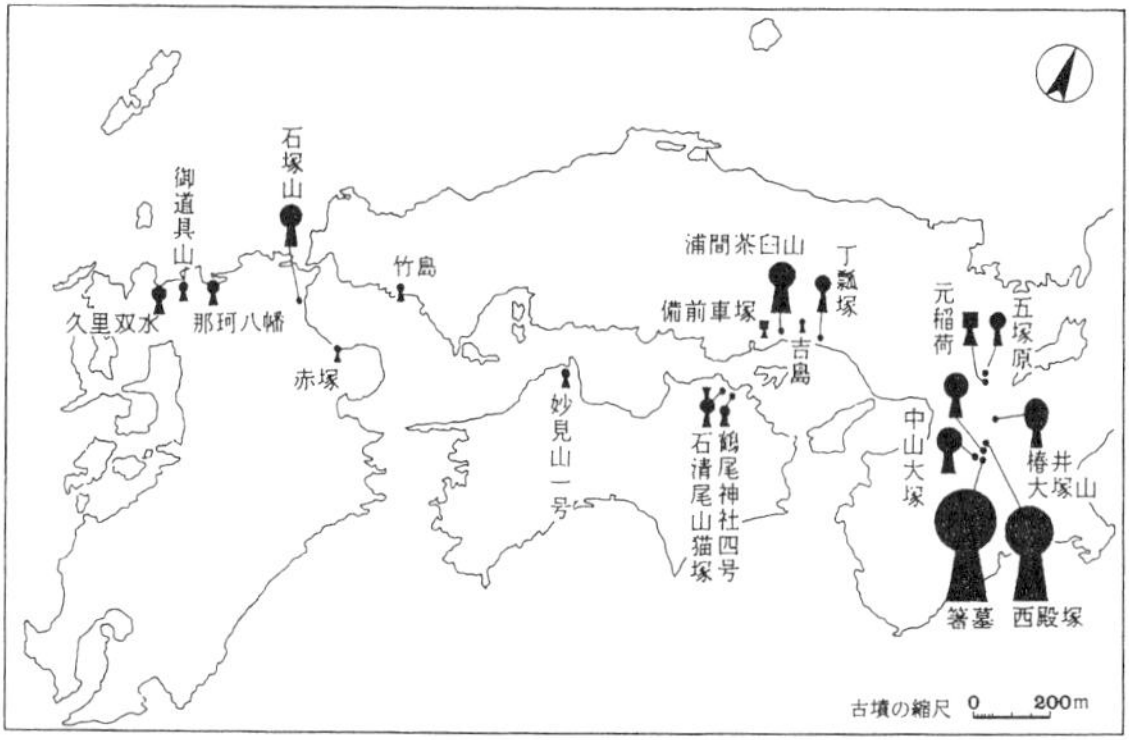

西日本における出現期古墳の分布

の分布状況を示したものです。この段階には近畿の大和に、奈良県桜井《さくらい》市箸墓《はしはか》古墳（墳丘長二八〇メートル）など最大級の前方後円墳があり、ついで岡山県を中心とする吉備《きび》地方に箸墓古墳のちょうど二分の一の墳丘規模をもつ岡山市浦《うら》間《ま》茶臼山《ちゃうすやま》古墳（一四〇メートル）という大規模な古墳があり、さらに北部九州でも瀬戸内側の地に福岡県苅田町《かんだちょう》石塚山《いしづかやま》古墳（一二〇メートル）という、これにつぐ大きな古墳があることがわかります。こうした前方後円墳を中心とする古墳は、これ以後も基本的にはこれと同じように近畿中心の分布のあり方を示します。またその造営がヤマト政権とよばれる、近畿を中心に形成された各地の政治勢力の連合体の仕組みと関連しているものと想定されています。したがって、少なくともこの図の示す古墳時代初頭の段階には、すでにヤマト政権ないしその前身ともいうべき広域の政治連合が、近畿《きんき》の大和《やまと》を中心に形成されていたことは疑いありません。

なお、こうした定型化した前方後円墳を中心とする古墳は、弥生時代後期に、日本列島の各地に出現する、地域的特色の顕著な大型墳丘墓を母体に生み出されたものであることはいうまでもありません。それら弥生時代の墳丘墓との最大のちがいは、その規模が飛躍的に拡大することとともに、弥生期の墳丘墓にみられた地域的特色がみられなくなり、画一的な内容をもつようになることです。近畿のものも、瀬戸内海沿岸各地のものも、北部九州のものも、墳丘の形は前方後円形ないし前方後方形になります。

また埋葬施設も、いずれも長大な割竹形木棺《わりたけがたもっかん》を収めた竪穴式石室《たてあなしきせきしつ》になり、副葬品も大量の鏡や鉄製の武器、農工具など呪術的《じゆじゆつてき》色彩の強いものになります。このことも、古墳の出現が地域をこえた広域の政治連合の形成に対応するものであることをはっきりと物語っています。

問題は、これら古墳時代初頭に位置付けられる定型化した大型前方後円墳などが造営された実際の年代です。従来は、こうした古墳が出現するのは四世紀初頭ころであろう

竪穴式石室（奈良県天理市黒塚古墳）
（撮影・阿南辰秀　奈良県立橿原考古学研究所）

三角縁神獣鏡（奈良県天理市黒塚古墳出土）
（撮影・阿南辰秀　奈良県立橿原考古学研究所）

と考えられていました。ところが、最近になって、これら初期の古墳に多数副葬されている三角縁神獣鏡《さんかくぶちしんじゅうきょう》の年代研究が急速に進展してきました。そして三角縁神獣鏡のなかでも、古い時期のものしか持たない古墳と、比較的新しい段階のものをもふくむ古墳があることなどが明らかにされ、これら初期の古墳のなかでも古い段階のものは、三世紀の中葉すぎにまでさかのぼると考える研究者が多くなってきました。またこのように古墳の出現時期が、従来の説よりさかのぼることは、年輪年代法など自然科学的な年代研究の成果とも一致しているのです。

このように古墳の成立が三世紀の中葉すぎまでさかのぼるとすれば、それはまだ卑弥《ひみ》呼《こ》の後継者である壱与《いよ》(『魏志《ぎし》』は壱与とするが、『梁書《りょうしょ》』や『北史』は台与《とよ》とする)の時代であり、明らかに邪馬台国《やまたいこく》時代です。すでにこの段階ないしその直後には、画一的な内容をもつ前方後円墳が、大和《やまと》を中心に瀬戸内海沿岸各地をへて北部九州にまで分布しているわけですから、邪馬台国九州説は成り立たないことになります。なお研究者のなかには、三世紀前半の卑弥呼の段階には九州にあった邪馬台国が、壱与の段階に近畿《きんき》地方に移動したと主張する人もおられますが、三世紀中葉に、九州勢力が東遷《とうせん》したことを示すような考古学的な材料は何もありません。

こうした検討からも、「邪馬台国《やまたいこく》」が「やまと国」、すなわち大和《やまと》であることは疑いないでしょう。このことは、次にくわしくのべる日本列島における広域の政治連合の形成過程に関する想定とも、整合的に理解できるものであり、私はあやまりないものと考えています。

倭国《わこく》はどうして成立したのか

それではこうした近畿《きんき》の大和を中心とする広域の政治連合、すなわち倭国連合は、いつごろ、何をきっかけに形成されたのでしょうか。この問題は、現在の考古学ではまだ解決されていない大きな課題ですが、私は次のような仮説を考えています。それは、鉄資源や先進的文物の輸入ルートの支配権をめぐる争いが、大和など近畿中央部から瀬戸内海沿岸各地をへて、北部九州にいたる広域の政治的まとまりの形成をうながしたのではないだろうかというものです。

日本列島では、おそくとも弥生時代の中期から鉄器時代になっています。ただ弥生時代の中期には、まだ石器もさかんに使われています。ところが弥生時代の後期（一〜二世紀）になると、石器が急速に姿を消してしまいます。これは明らかに本格的な鉄の時代に入ったことを意味するものでしょう。ところが不思議なことに、日本列島では弥生時代はもちろん、古墳時代の前半期になっても、砂鉄や鉄鉱石から鉄を生産した製鉄遺跡が見つかっていないのです。このことは、たとえこの時期に日本列島で製鉄が行われていたとしても、それはきわめて低い技術で、小規模なものにすぎなかったことを物語っています。

それではこの時期の倭人《わじん》たちは、どこから鉄資源を手に入れていたのでしょうか。『魏志《ぎし》』倭人伝と同じ『魏志』の東夷《とうい》伝《でん》の弁辰条《べんしんじょう》には、「国（弁辰のこと）鉄を出す。韓、濊《わい》、倭、みなしたがってこれを取る」と記されています。この弁辰とは朝鮮半島の東南部、のちの加耶《かや》の地域のことであり、韓は朝鮮半島の南部にいた人たち、濊はその北東海岸にいた人たち、倭は日本列島にいた人たちと考えてよいでしょう。また古墳時代になっても、倭国がこの加耶の鉄を大量に輸入していたことは、四世紀後半から五世紀の古墳から、加耶で生産されたと考えられる鉄鋌《てってい》とよばれる鉄の延板《のべいた》が多量に出土することからも疑いないでしょう。五世紀前半の奈良市のウワナベ古墳（墳丘長二六五メートル）の陪塚《ばいづか》の大和六号墳からは八七二枚もの鉄鋌が出土しています。

奈良市大和６号墳出土の鉄鋌

この弁辰《べんしん》の鉄や、さらに中国鏡など、先進的文物を日本列島に輸入するのに中心的な役割を果たしていたのが、『魏志《ぎし》』倭人伝《わじんでん》に出てくる伊都国《いとこく》や奴国《なこく》など玄界灘《げんかいなだ》沿岸地域の勢力であったことは疑いありません。この地域の弥生時代後期の集落遺跡からは、瀬戸内海沿岸や近畿《きんき》中央部とは比較にならないくらい多量の鉄器が出土することからも、またこの地の弥生時代中期（紀元前三〜一世紀）の甕棺《かめかん》墓《ぼ》からは、三〇面前後もの多量の漢代の中国鏡を副葬した例がいくつか見つかっていることからも、それは確実でしょう。

こうした状況のなかで、より東方の瀬戸内海沿岸各地や近畿中央部の勢力が、当時の人びとにとってきわめて大切なものとなってきていた鉄資源や、その他の先進的文物を安定的に確保しようとすると、どうしてもその輸入ルートを独占している玄界灘沿岸勢力と戦わざるをえなかったのではないでしょうか。私は、この玄界灘沿岸勢力と戦うために、大和《やまと》の勢力を中心に、近畿中央部から瀬戸内海沿岸各地の諸政治勢力が連合したのが、のちのヤマト政権につながる広域の政治連合の形成にほかならないのではないかと考えています。

この戦いの時期、というよりはこの戦いがあったことを直接的に示す考古学的な資料は今のところみあたりません。ただ弥生時代から古墳時代に転換する少しまえを境に、それまで北部九州を中心に分布していた中国鏡が、近畿の大和を中心とする分布に大きく変化することが知られています。この中国鏡の分布状況の大きな変化こそ、近畿・瀬戸内勢力と玄界灘沿岸勢力との争いと、この戦いでの近畿・瀬戸内勢力の勝利を物語るものにほかならないでしょう。近畿を中心に分布するようになる鏡で、もっともさかのぼる鏡は、後漢時代末から三国時代に中国で製作された画文帯神獣鏡《がもんたいしんじゅうきょう》とよばれる鏡です。このことから、この戦いの時期は三世紀のはじめころと考えて大きなまちがいはないでしょう。つまり、邪馬台国《やまたいこく》連合の成立は三世紀初頭ころということになるのです。

画文帯神獣鏡（奈良県ホケノ山古墳出土）
（奈良県立橿原考古学研究所）

なお、この中国鏡の分布状況の大きな変化について、これを北部九州勢力の近畿《きんき》への東遷《とうせん》の結果と考える説があります。古くは、若き日の和辻哲郎《わつじてつろう》さんが『日本古代文化』（岩波書店、一九二〇年）を書き、この問題にふれています。和辻さんは、記・紀の神武《じんむ》東征説話《とうせいせつわ》をとりあげ、これはもちろん歴史的事実とは考えられないが、ただのちの大和《やまと》を中心とする国家をつくる勢力が、西方からやってきたという記憶が、この説話を生み出したのであろうとする仮説を提起されました。この説は、鏡をはじめとする古墳の副葬品の組合せが、すでに弥生時代の北部九州で成立していることを有力な根拠とするものでした。

ただ最近では、三世紀ころの土器の移動に関する研究がすすんだ結果、この時期、近畿や瀬戸内、あるいは山陰の土器がたくさん北部九州へ流入しているのに対し、その逆の動きはほとんどみられないことが明らかにされています。このことは、東遷説が成り立ちえないことを明確に示すものでしょう。

このように私は、日本列島で最初に形成された広域の政治連合は、それまで鉄や先進的文物の輸入ルートの支配権を独占していた玄界灘《げんかいなだ》沿岸勢力に対し、近畿中央部から瀬戸内海沿岸各地の勢力が手を結んでその支配権を奪いとり、鉄資源などの安定的な入手を確保しようとしたのがきっかけになって形成されたものと考えています。こうして形成されたのが『魏志《ぎし》』倭人伝《わじんでん》にみられる邪馬台国《やまたいこく》を中心とする倭国連合にほかなりませんが、それはある意味では先進的文物の共同入手機構にほかならなかったともいえると思います。

この連合の盟主権を握った邪馬台（やまと）国の王は、倭国王《わこくおう》としてその傘下のクニグニから外交権をゆだねられ、また輸入文物の分配権をも掌握したのでしょう。こうした倭国王の性格は、その後のヤマト政権の段階になっても基本的には変わりなかったものと思われます。

それでは、なぜ大和《やまと》がこの倭国連合の中心となりえたのでしょうか。この問題はなかなかむつかしい問題で、今の私にはその理由を的確に説明することはできません。ただその理由の一つは、大和とその西隣の河内《かわち》（大阪府中東部）が、朝鮮半島から玄界灘《げんかいなだ》沿岸、瀬戸内海沿岸をへて近畿《きんき》中央部にいたる水上交通路の終点であり、またそこから東日本にいたる陸路の起点でもあるという、交通の要衝を占める有利な地理的条件にあったのではないかと考えています。

このほか、『魏志』倭人伝の記事を重視すると、卑弥呼《ひみこ》の宗教的・呪術的《じゆじゆってき》権威が、この連合の形成に大きな役割を果たしたことが読みとれますが、残念ながら今の考古学では、この問題を学問的・実証的に追求する仕事はあまりすすんでいません。こうした点も、今後さらに検討しなければならない大切な問題でしょう。

なお、大和という地名は、一般にのちの律令体制の大和国、すなわち今の奈良県のことを意味しますが、本来は奈良盆地の東南部、今日の奈良県天理《てんり》市南部から桜井《さくらい》市を中心とする地域をさすものであったことが明らかにされています。おそらく邪馬台国の中心もこの付近にあったのでしょう。

以下この本では、奈良盆地東南部の本来の大和を「やまと」と、のちの律令体制下の大和国の範囲をさす場合には「大和」と、さらにこの「やまと」が中心となって形成された広域の政治連合である倭国連合の範囲をさす場合には「ヤマト」「ヤマト政権」などと表記することにします。

倭国の成立はいつか

『魏志』倭人伝に書かれている邪馬台国とこれに統属する二九カ国ほどの政治連合、すなわち邪馬台国《やまたいこく》連合を、魏《ぎ》王朝が倭人《わじん》たちを統合した「倭国《わこく》」と認識し、また認定したことは、『魏志』倭人伝の記載からもうたがいないでしょう。この連合の盟主が邪馬台国であり、その王である卑弥呼《ひみこ》が倭国王であることもまちがいないものと思われます。

ところでこの邪馬台国連合、すなわち倭国連合の成立時期について文献史学の先生方の多くは、さきに私が考古学的な検討の結果として想定した三世紀初頭よりももう少し古く、二世紀の後半のことと考えておられます。

『魏志』倭人伝は、卑弥呼が擁立《ようりつ》される前の状況を、「其の国、本亦《もとまた》男子を以《もっ》て王と為《な》す。住《とど》まること七、八十年にして倭国乱れ、相攻伐《あいこうばつ》して年を歴《ふ》。乃《すなわ》ち共に一女子を立てて王と為《な》し、名づけて卑弥呼という」と記しています。

すなわち、倭国にはもと男子の王がいて、その時期が七、八〇年間つづいたが、その後倭国が乱れ、たがいに攻めあってまた年を歴《へ》た。そこでともに一女子、すなわち卑弥呼を立てて王としたというものです。この「住まること」の「住」を「往」の誤りとして「卑弥呼の即位前七、八〇年」とする説もありますが、いずれにしてもこの『魏志』倭人伝の記載からは、倭国が乱れた時期を特定することはできません。

ところが『後漢書《ごかんじょ》』の倭伝は、卑弥呼の擁立前の状況を、「桓霊《かんれい》の間、倭国大いに乱れ、更に相攻伐《あいこうばつ》し、歴年主なし」と書いています。桓霊の間というのは、後漢の桓帝と霊帝の時代という意味で、一四七年から一八八年の間にあたります。さらに『梁書《りょうしょ》』（中国南北朝時代の南朝の一国梁《りょう》〔五〇二〜五五七年〕の歴史を書いたもので、六二九年ころに完成）の倭伝は、より限定して「漢の霊帝の光和《こうわ》中、倭国乱れ、相攻伐して年を歴《ふ》」としています。後漢の光和という元号は一七八年から一八三年にあたります。こうした『後漢書』、さらに『梁書』の記事によって、卑弥呼が擁立される前提となる「倭国の乱」あるいは「倭国の大乱」を二世紀の後半に求める人が少なくないのです。しかしすでに指摘されていることですが、『後漢書』や『梁書』ができあがったのは『三国志』よりはるか後年で、この部分の記事は『魏志』をもとに作文されていることは明らかです。したがって「桓霊の間」や「霊帝の光和中」という記載にオリジナリティーを求めるのは無理でしょう。

卑弥呼の死は『魏志』倭人伝の記事から、正始《せいし》八年（二四七）かその直後と想定されます。仮に卑弥呼が擁立されることになる「倭国の乱」を一八〇年としますと、卑弥呼の即位を二〇歳と考えても、彼女は九〇歳ちかくまで生きたことになります。ありえないことではありませんが、平均寿命が短かった当時の状況からは少し無理ではないかと思います。近畿《きんき》の大和《やまと》を中心に分布する最古の鏡が画文帯神獣鏡《がもんたいしんじゅうきょう》であることはほぼ確実ですから、卑弥呼《ひみこ》の擁立《ようりつ》を契機とする邪馬台国《やまたいこく》連合の成立、つまり倭国《わこく》の成立は、三世紀の初頭ころと考えざるをえないというのが私の考えです。

ここまで私は、三世紀初頭の邪馬台国連合、すなわち倭国連合の成立を倭国の成立として述べてきました。ただこれに対しては重要な異論があります。それは『後漢書《ごかんじょ》』の倭伝に「安帝《あんてい》の永初《えいしょ》元年、倭国王帥升等《すいしょうら》生口《せいこう》百六十人を献じ、請見《せいけん》を願う」とあることから、安帝の永初元年、すなわち一〇七年に後漢に使いを送ったのは、まぎれもなく倭国王であり、この時期には倭国が成立していたと考えるべきであるというものです。なお生口というのは戦争などによって得られた奴隷のことと考えられており、中国史料によると倭国はこれをさかんに中国への贈り物としていることが知られます。

従来、この一〇七年の遣使記事については、唐代に編纂《へんさん》された『通典《つてん》』という歴史書の刊本に、この遣使の主体が「倭国王帥升等」ではなく「倭面土《めんど》国王《こくおう》帥升等」となっているものがあることなどから、『後漢書』の本来の記載では「倭面土国王帥升等」となっていたのが、いつのころにか「面土」が脱落したものと考えられてきました。同じ『後漢書』の「光武帝本紀」や「倭伝」には、半世紀ほど前の建武中元《けんむちゅうげん》二年（五七）に

「倭の奴国《なこく》」が後漢に使いを送ったことが書かれています。この時に奴国王が光武帝から与えられた「漢の倭の奴の国王」の金印が福岡市の志賀島《しかのしま》から出土しています。この五七年の遺使と同じように、一〇七年の遺使もまた倭の一小国によるものとするのが通説でした。

ところが『通典』のさまざまな刊本を再検討された中国古代史の西嶋定生《にしじまさだお》さんは、「倭面土国」とあるのは多くの『通典』の刊本の中でも北宋の刊本だけであり、『後漢書』倭伝の原形はやはり「倭国王」であったと想定されました。とすれば、少なくとも中国史料のうえでは、すでに一〇七年には倭国が成立していたことになるのです。『後漢書』の本来の記載が「倭国王」であったか、「倭面土国王」であったかは、まさに文献史学上の問題であり、考古学の私が発言できる問題ではありません。また西嶋定生さんも、これはあくまでも中国史料上の問題として提起しておられ、歴史的事実の問題として論じておられるわけではありません。ただ重要なことは、この一〇七年の後漢への遣使の主体が「倭国王」であったとしても、それはさきにのべた邪馬台国連合の形成過程からもおわかりいただけるように、北部九州から近畿地方におよぶような広域の政治的まとまりとは考えがたく、せいぜい北部九州のいくつかの小国の連合であったと考え

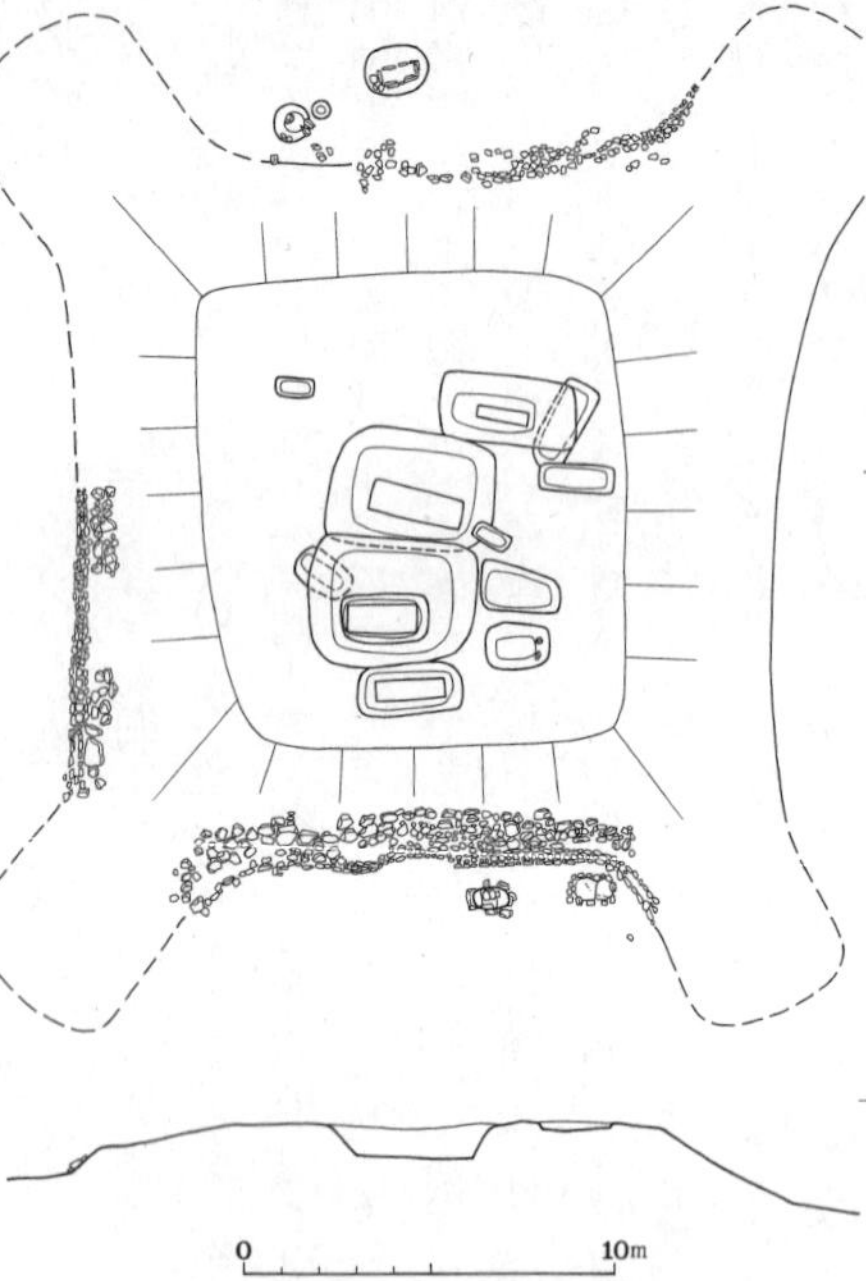

四隅突出型墳丘墓
（島根県安来市仲仙寺10号墓）

られることです。

玄界灘《げんかいなだ》沿岸を中心とするいくつかのクニが連合して「倭国《わこく》」を名乗って後漢に遣使し、それを後漢王朝が「倭国」と認識したとすれば、それはそれできわめて興味深い歴史的事実です。ただ、中国文献史料上の問題としてはともかく、日本歴史上の問題として考えると、「倭国」の成立は玄界灘沿岸諸国の地域的な連合の成立にではなく、より広域の邪馬《やま》台国《たいこく》連合の成立に求めるべきで

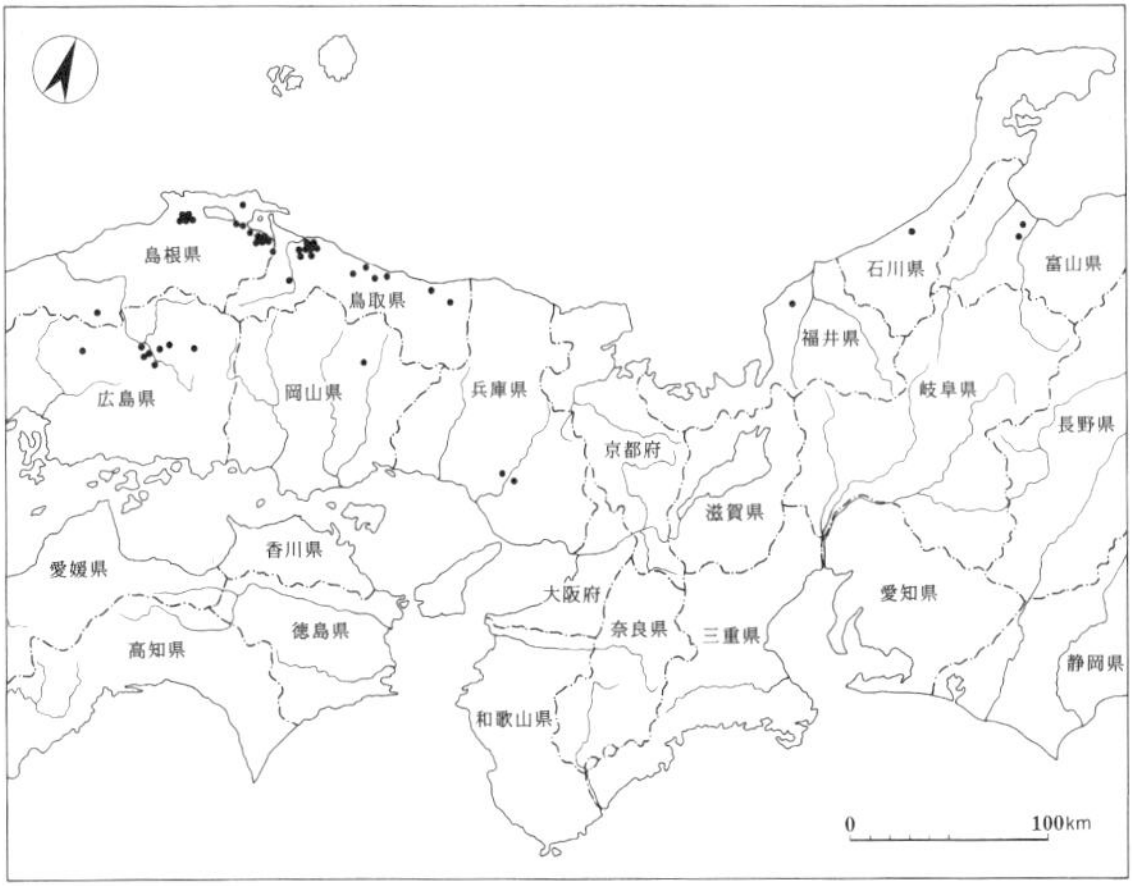

四隅突出型墳丘墓の分布

はないか、というのが私の考えです。

私がとくにこのことを主張するのは、二世紀前後には、玄界灘沿岸を中心とする北部九州以外でも、山陰地方、吉備《きび》地方といった範囲で、小さなクニグニが連合した地域的な小国連合がいくつも成立していたと考えるからです。弥生時代後期後半にあたるこの時期には、山陰地方を中心に、一時期には北陸地方にまで、四隅突出型墳丘墓《よすみとっしゅつがたふんきゅうぼ》というきわめて特異な形態の墳丘墓が営まれます。これは基本的には方形の墳丘墓ですが、その四隅に突出部をもつもので、大規模なものは、突出部をふくむと、一辺が五〇〜六〇メートルのものもあります。すなわちこの時期の山陰地方では、有力な首長が亡くなると、人びとは共通の葬送儀礼をとりおこない、共通のかたちのお墓を造っていたのです。

山陰地方から中国山脈の南の岡山県地方に眼を移すと、ここでも有力な首長たちが共通の葬送儀礼を行っていたことが知られています。この地域の首長墓は、その形は前方後円形のもの、円形のもの、方形のものとさまざまです。しかしそれらには必ず首長のお墓にお供えするために、特別につくった特殊《とくしゅ》壺《つぼ》とそれを載せる特殊器台という葬送儀礼用の土器をともなっています。こ

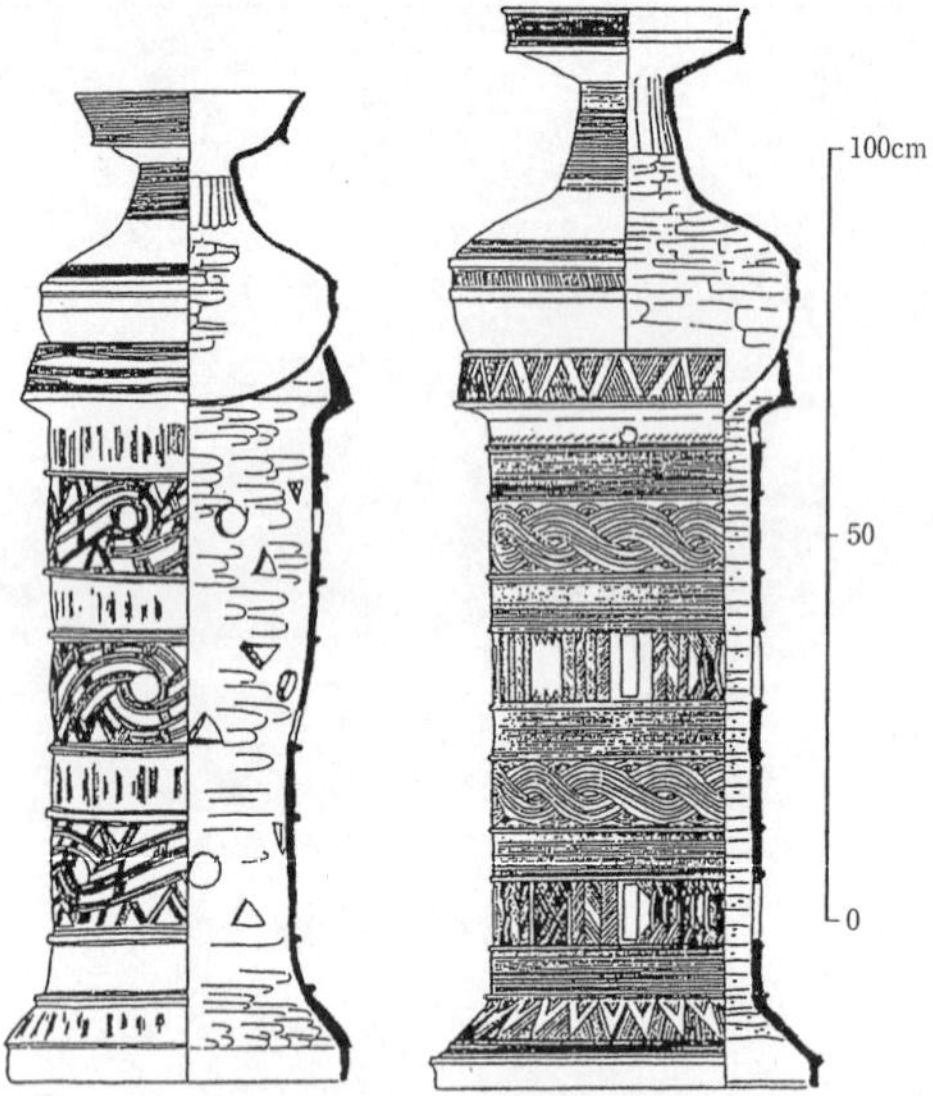

特殊壺と特殊器台（右：岡山県中山遺跡、
左：岡山県宮山墳丘墓）

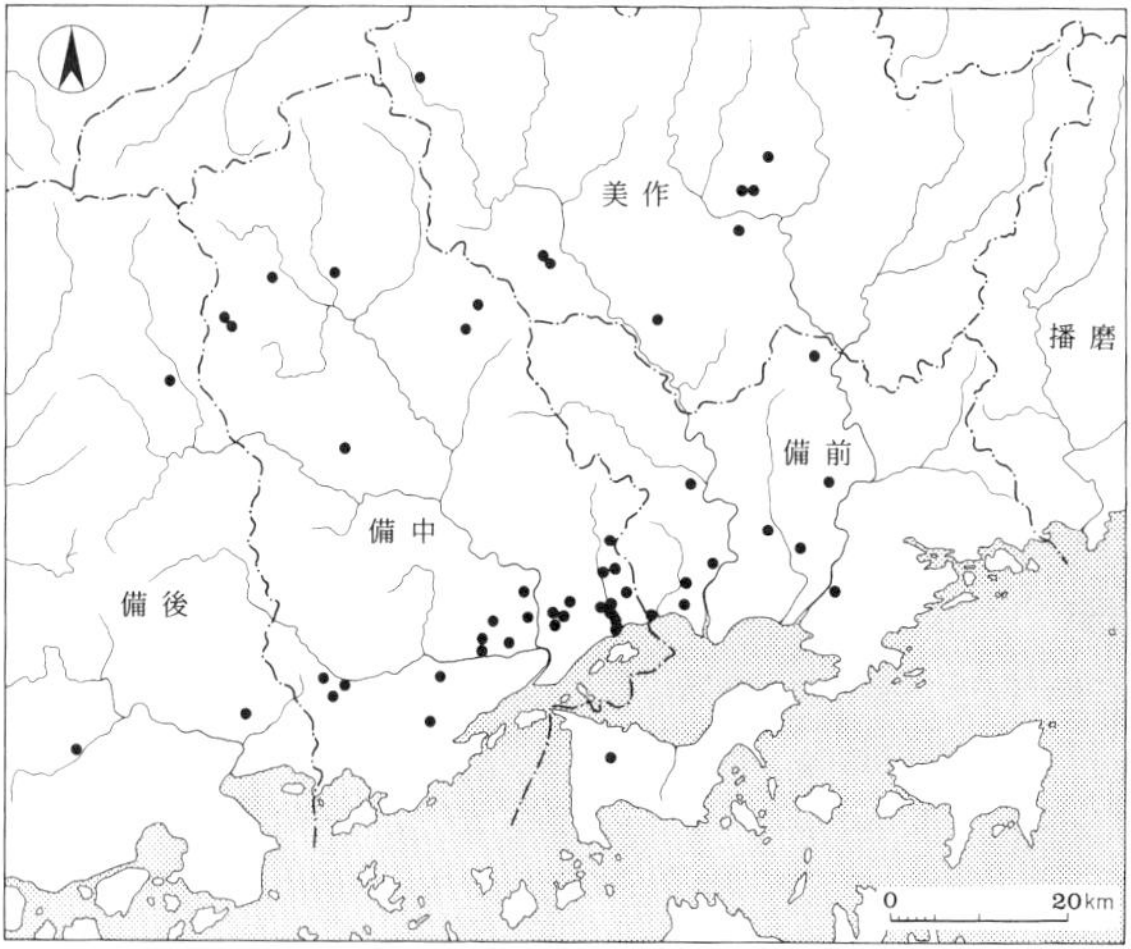

特殊壺・特殊器台の分布

の特殊壺と特殊器台は、のちの古墳の壺形埴輪《つぼがたはにわ》、円筒埴輪の祖形となるものです。この特殊壺・特殊器台が分布する範囲は、基本的には律令時代の備《び》前《ぜん》・備中《びっちゅう》・備後《びんご》、美作《みまさか》の範囲、すなわち今日の岡山県と広島県の東部の吉備《きび》の範囲にかぎられます。

お葬式とお墓づくりだけを共通にするとは考えられませんから、彼ら山陰地方や吉備地方の首長たちが、生前から密接な連携関係を持っていたことは疑いなく、おそらく地域的な政治連合ができあがっていたことは、まちがいないでしょう。こうした地域的首長連合は、近畿《きんき》北部の丹後《たんご》・丹波《たんば》北部・但《たじ》馬《ま》の地域でも、おそらくのちに畿内《きない》とよばれる近畿地方中央部などでも形成されていたことは疑いないでしょう。私は、こうした地域的な政治連合相互の間に成立した、より広域の政治連合をこそ倭国《わこく》の成立ととらえたいのです。

なお一部の研究者は、この『後漢書《ごかんじょ》』にみられる「倭国」を第一次倭国、私のいう『魏志《ぎし》』倭人伝《わじんでん》にみられる「倭国」を第二次倭国とよぶ人もいます。この主張については、さきにのべたところからも明らかなように、両者はその系譜をまったく異にするものであって、必ずしも賛成できません。

このように私は、日本歴史の立場から考えるかぎり、「倭国」の成立は三世紀初頭の邪馬台国連合《やまたいこく》、すなわち倭国連合の成立に求めるのが適当であろうと思います。それは以下の各章でのべるように、この倭国こそはその後のヤマト政権、すなわち三世紀後半〜六世紀の倭国とも、また七〜八世紀の倭国ともその系譜を同じくするものと考えるからにほかなりません。

『魏志』倭人伝の風俗記事

『魏志』倭人伝には、邪馬台国を中心とする倭のクニグニの政治関係を物語る記事や倭国と魏の外交交渉に関する記事以外にも、当時の倭人の風俗、習慣、社会関係などをうかがわせる興味深い記事がみられます。これらの記事（ここでは風俗記事と一括しますが）については、すでに佐原真《さはらまこと》さんが、最近の考古学が明らかにしている弥生時代ころの人びとの生活のあり様と比較した興味深い考察をまとめておられます（『魏志倭人伝の考古学』岩波現代文庫、二〇〇三年）。こうした問題に関心をもたれる方は、佐原さんのこの本を読んでいただきたいと思いますが、ここではこうした『魏志』倭人伝の風俗記事、ひいては『魏志』倭人伝の史料としての性格について、考古学の立場から私の考えを少しのべておくことにしたいと思います。

まず『魏志』倭人伝の史料的価値については、これを比較的高く評価し、そこに書かれていることはまず信頼できると考える人が少なくないのですが、私は一概にそうはいえないと思っています。風俗記事ではありませんが、たとえば卑弥呼《ひみこ》の墓についての記載には、「卑弥呼以て死す。大いに冢《ちょう》を作ること径百余歩《けいひゃくよほ》。徇葬《じゅんそう》するもの奴婢《ぬひ》百余人なり」とあります。ここにいう「径百余歩」の一歩は六尺で、魏晋《ぎしん》代の一尺は二四・一二センチとされていますから、一歩はほぼ一・四五メートルとなり、百余歩は一五〇メー

奈良県桜井市箸墓古墳

トル前後となります。卑弥呼《ひみこ》の墓の問題については、次の章でもふれたいと思いますが、出現期の大型前方後円墳である奈良県桜井市《さくらいし》の箸墓古墳《はしはかこふん》が、この卑弥呼の墓の候補として注目されています。この前方後円墳の墳丘の長さは二八〇メートルですが、その後円部の直径は一六〇メートルで、倭人伝にいう「径百余歩」にきわめてちかいことが、はやくから指摘されています。

前方後円墳のもっとも重要な部分が、中心的な被葬者の埋葬が行われる後円部であることは事実ですが、だからといってこの特異な形態の墳墓《ふんぼ》の規模を表現するのに、その円丘部分の直径だけで表現することがあるでしょうか。古く喜田貞吉《きださだきち》さんはこの「径百余歩」の表現から、この墓を円塚、すなわち円墳であろうと推定されましたが、これは適切な推論であると思います。

またこの「径百余歩」の記事につづいて、「徇葬《じゅんそう》するもの奴婢《ぬひ》百余人なり」とありますが、最近の考古学的な調査・研究の成果からみても、三世紀中葉にあたる弥生時代終末期から古墳時代初頭ころに、徇葬といえるような行為が広範に行われたことを示す証拠はほとんどみつかっておらず、この記事の信憑性《しんぴょうせい》はきわめて疑わしいと考えざるをえません。

したがって卑弥呼《ひみこ》の墓に関する記載も、そこから卑弥呼の墓の形状や正確な規模まで読みとろうとするのは無理であり、卑弥呼の墓や葬送の実際を正確に伝えていると考えることはできないと思います。それはせいぜい、卑弥呼の墓がきわめて大規模な墳丘をもつものであったことが、魏《ぎ》の使者に伝えられていた可能性があることを示すにすぎないのではないでしょうか。

『魏志《ぎし》』倭人伝《わじんでん》の風俗記事についても、はやくから多くの研究者が指摘しているように、『前漢書《ぜんかんじょ》』地理志の粤地《えっち》（今の広東・広西省）条や儋耳《たんじ》・朱崖《しゅがい》郡（儋耳・朱崖はともに海南島の郡名）条の記載と共通するところが何か所かあります。有名な「男子は大小と無く、皆鯨面文身《げいめんぶんしん》す」の記事につづく、「夏后《かこう》の小康《しょうこう》の子、会稽《かいけい》に封ぜられ、断髪《だんぱつ》文身し以て蛟竜《こうりゅう》の害を避く」の記載も、『前漢書』地理志の粤地条にあるものです。また婦人の衣服についての、「衣を作ること単被《たんぴ》の如く、その中央を穿《うが》ち、頭を貫きて之を衣《き》る」の記事も、これにつづく、「禾稲《かとう》・紵麻《ちょま》を植え、蚕桑緝績《さんそうしゅうせき》し」や、「兵には矛楯《ほこたて》・木弓を用う。（木弓は下を短く上を長くし）竹箭《ちくせん》（或いは鉄鏃《てつぞく》）或いは骨鏃なり」の記事も『前漢書』地理志の儋耳朱崖郡条とほぼ同じものです。

これは『魏志』倭人伝が自ら、「その道里を計るに、当《まさ》に会稽東冶《とうや》（会稽は今日の浙江《せっこう》省から江蘇《こうそ》省にかけて存在した郡名、東冶は今日の福建省福州付近の県名）の東に在るべし」、あるいは、「有無する所は儋耳朱崖に同じ」と記すことからも明らかなように、『魏志』の編者の倭《わ》に対する地理観が、日本列島を九州から南方へ長くのびていると誤解していたことを示すものにほかなりません。このため粤地や海南島の儋耳朱崖に関する『前漢書』地理志の記載を参考に作文したものとみるべきだと思います。

したがって、『魏志』倭人伝の風俗記事についても、その信憑性《しんぴょうせい》はあまり高くないという前提であつかうべきものではないでしょうか。たとえ考古学が明らかにしている弥生時代の生活様式や風俗と矛盾がないとしても、倭と同様の風俗は中国南部にも数多くみられるわけで、それだけでは『魏志』倭人伝の記事の信憑性を証明したことにはならないと思います。むしろ『魏志』倭人伝の風俗記事のあり方は、邪馬台国《やまたいこく》の位置を玄界《げんかい》灘《なだ》沿岸諸国からはるか南に位置付けた、『魏志』の編者の誤解を示すものとしての意味が大きいのではないかと思います。

さらにいえば、考古学的な研究成果による邪馬台国大和《やまと》説にもとづいて『魏志』倭人伝の記載を整合的に理解しようとすると、『魏志』倭人伝の「其の道里を計るに、当に会稽東冶の東に在るべし」という記事や、その風俗記事と、『前漢書』地理志の粤地条や儋耳《たんじ》朱崖《しゅがい》郡条との一致などを根拠に、『魏志《ぎし》』の編者の倭《わ》の地理観についての大きな誤解を強調することになります。邪馬台国《やまたいこく》の所在地論についてこうした立場をとりながらも、その一方で風俗記事のなかに当時の倭の実像を読みとろうとするのは、方法的に大きく矛盾するのではないでしょうか。もちろん『魏志』倭人伝《わじんでん》の風俗記事にも正確に伝えられている部分もあることは当然予想されますが、それを実証することはきわめてむつかしいのではないかと思います。

また『魏志』倭人伝にみられる魏と倭国《わこく》の外交に関する記事や、倭国の政治状況に関する記事などについては、きわめて信頼性が高いことは疑いないと思います。ただしそれらについても、それぞれ文献学的な史料批判によって確認されなければならない性格のものであることも、またたしかでしょう。その場合、史料批判の常道として、系統を異にする史料と比較することが求められますが、といって倭国側に同時代史料があるわけではありません。邪馬台国の所在地問題についても、考古学的な状況証拠との突き合わせから解決への糸口がみえはじめたように、そこにこそ『魏志』倭人伝の研究に考古学が果たす役割があるのではないかと考えています。

第二章　ヤマト政権の成立

邪馬台国《やまたいこく》と狗奴国《くなこく》

前章では、邪馬台国時代の西日本の情勢を中心にみてきましたが、それではこの時代の東日本の状況はどのようなものであったのでしょうか。西日本で広域の政治連合が形成されていた時期、東日本がそうした動きとまったく無縁であったなどとは考えられません。弥生時代後期の一〜二世紀には、中部地方から関東地方におよぶ東日本各地でも、西日本と同じように鉄の時代に入っていたわけですから、鉄資源やその他の先進的文物や新しい情報を求める人びと、とりわけ首長たちの動きが活発になっていたことは疑いないでしょう。

第一章では、『魏志《ぎし》』倭人伝《わじんでん》という文献史料とのかかわりから、広域の政治的まとま

弥生時代の環濠集落（横浜市大塚遺跡）（横浜市ふるさと歴史財団埋蔵文化財センター）

りの形成過程をみてきたので、人びとの生活や社会の変化についてはふれませんでしたが、広域の政治連合の形成、すなわち倭国《わこく》の誕生は、じつは人びとの日々の暮らしや社会の成り立ちにも大きな変化をあたえていたのです。それは、考古学的には人びとの住んだムラの様子の大きな変化からうかがうことができます。

弥生時代に各地で営まれた拠点的な大集落には、いずれもムラを外敵からまもるための環濠《かんごう》が何重にもめぐらされていました。このことは、とりもなおさず弥生時代という時代が政治的統合にともなう戦争の時代であったことを物語っています。

ところが、弥生時代の最終段階、すなわち三世紀前半ころの邪馬台国《やまたいこく》時代になると、何百年にわたって絶えず掘りつづけられ、改修が重ねられてきた集落の環濠《かんごう》が、いっせいに姿を消してしまいます。いっせいに姿を消してしまいます。これはある意味では、戦争の時代が終わり、平和な時代がやって来たことを象徴するものといってさしつかえないでしょう。

いまひとつ、人びとのムラのあり方に生じた大きな変化は、豪族居館《ごうぞくきょかん》などとよばれている首長層の館《やかた》の成立です。すなわち、弥生時代にはそれぞれの集落の中にいた首長層が、一般の人びとの集落から出て、別にその館を営むようになるのです。それらはいずれも一辺数十メートルないし一〇〇メートルほどの方形で、一般のムラでは姿を消した環濠が、その規模を縮小して館の周りにめぐらされています。このことは、ムラムラを束ねた首長が、一般のムラ人とは生活の場を別にするようになり、支配する人と支配される人の区別が明確になったことを意味するものにほかなりません。これは支配者の墓としての古墳の成立の前提としても重要なことだと思います。

こうした、集落のあり方の大きな変化、すなわち社会の大きな変化は、東日本でも、西日本とほぼ同時に進行していたことが知られています。このことは、少なくとも邪馬

奈良県桜井市ホケノ山古墳（墳丘墓）（奈良県立橿原考古学研究所）

台国時代には、東日本でも社会自体の大きな変化が西日本のそれと並行して進行していたことを物語っています。

すでにのべたように、邪馬台国の中心部であったと想定される、奈良盆地の東南部の「やまと」の地域でも、卑弥呼《ひみこ》が生きていた三世紀前半には、まだ大規模な前方後円墳は出現していませんでした。ただそうした定型化した大型前方後円墳の原形となる前方後円形の墳丘墓は、さかんに造られていました。最近発掘調査が行われ、特異な積み石木槨《もっかく》から画文帯神獣鏡《がもんたいしんじゅうきょう》などが出土したホケノ山古墳とよばれる墳丘墓などはまさにこの段階のものです。直径五五メートルの円丘に、長さ二二メートルほどの突

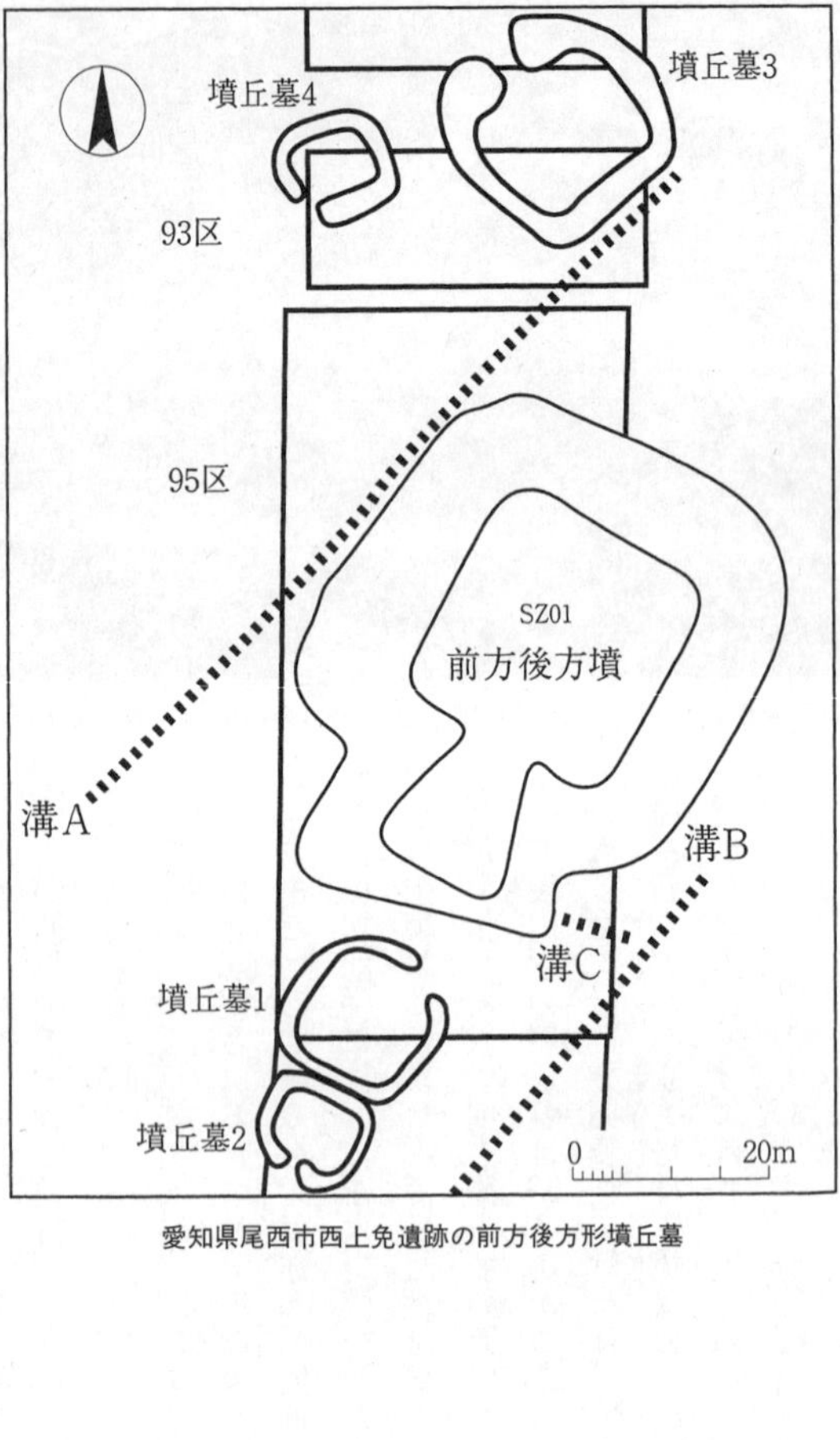

愛知県尾西市西上免遺跡の前方後方形墳丘墓

出部（前方部）がついています。寺沢薫《てらさわかおる》さんが纏向型《まきむくがた》前方後円墳とよぶもので、西日本各地や、一部東日本の千葉県などでも営まれています。

やまとをはじめとして、西日本各地でこの纏向型前方後円墳とよばれる前方後円形の墳丘墓がさかんに造られていたころ、東日本の各地では、前方後方形の墳丘墓が造られていました。これは方形の墳丘に、やはり方形の突出部を設けたもので、前方後円形墳丘墓とは、たんに主丘の形が円形か方形かのちがいにすぎません。ただ、西日本では主として前方後円形のものが、東日本では主として前方後方形のものが営まれているところに、それなりの意味があると思われます。

東日本でこうした前方後方形の墳丘墓がさかんにつくられたのは、愛知県から岐阜県にかけての濃尾《のうび》平野です。たとえば愛知県尾西《びさい》市の西上免《にしじょうめん》遺跡では、長さが四〇メートルほどの前方後方形墳丘墓がみつかっています。ただこの西上免遺跡は、濃尾平野では必ずしも大規模な拠点集落ではなく、より大きな集落がいくつも存在するところから、この時期の濃尾平野にはもっと大きな前方後方形墳丘墓が存在したことは、まちがいないと考えられています。こうした前方後方形墳丘墓は、さらに東海東部、中部山岳、北陸、関東など東日本各地から、西は滋賀県の東部でも数多く営まれています。

ところで『魏志《ぎし》』倭人伝《わじんでん》には、邪馬台国《やまたいこく》に統属していた二九カ国のさらに南に、狗奴《くな》国《こく》という男の王の治める国があって、卑弥呼《ひみこ》の晩年には邪馬台国ないし邪馬台国連合と戦っていたことが記されています。この狗奴国との戦いには邪馬台国側もそうとう苦戦したようで、魏に使いを送って報告するとともに、なんらかの援助を期待していたようです。

『魏志』倭人伝に南とあるのは、第一章でのべたように東と読みかえることができる、むしろ読みかえるべきですから、狗奴国は、邪馬台国連合にくわわっているクニグニのさらに東方にあったことになります。北部九州から瀬戸内海沿岸をへて近畿《きんき》中央部におよぶ邪馬台国連合のさらに東方にあって、邪馬台国連合と対等に戦えるような勢力は、状況証拠からは濃尾《のうび》平野をおいては考えられないと思います。この地域は弥生時代後期には、三遠式銅鐸《さんえんしきどうたく》とよばれる、この時期の近畿中央部の銅鐸とはやや異なる特徴をもつみごとな銅鐸を生産していた地域でもあるのです。

さきにふれたように、この時期には、鉄や先進的文物の安定的な入手が東日本各地の首長層にとっても大きな関心事であったことは確実ですから、彼ら東日本の首長層の間にも連携の動きは当然あったものと思われます。現に彼らは共通の前方後方形墳丘墓を

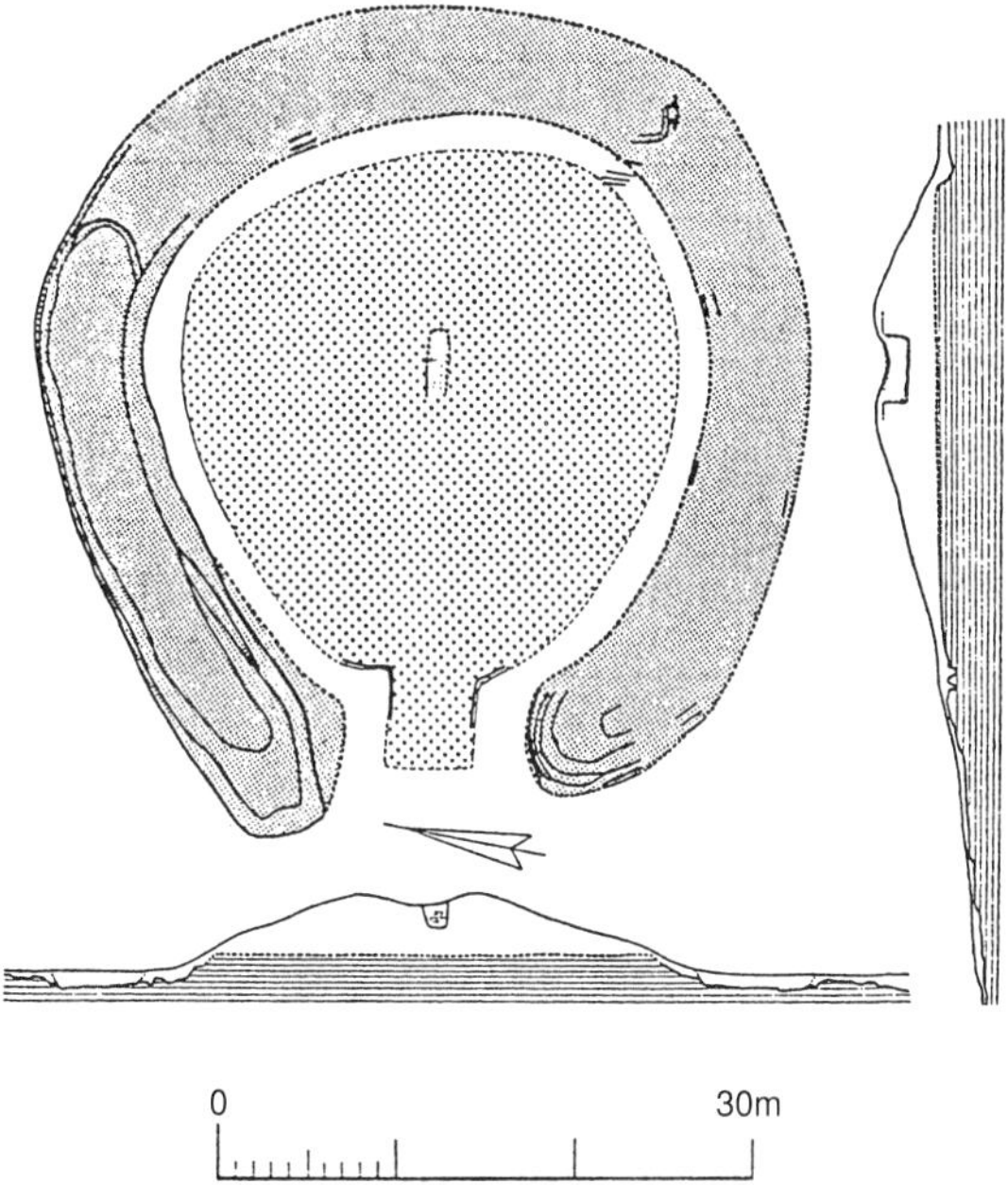

千葉県市原市神門5号墳丘墓

造営しているのですから、彼らの間には、その生前からなんらかの交渉があったことはいうまでもないでしょう。またこの時期、東日本の広大な地域でも、きわめて地域性が顕著であった後期の弥生土器が、土師器《はじき》といわれる斉一性の強い土器に変化しますが、それが基本的には東海西部の濃尾《のうび》平野の土器の影響によるものであることが知られています。濃尾平野を中核とする活発な人の動きが想定されるのです。

これらのことから私は、東海、北陸、関東など東日本各地から滋賀県東部をふくんだクニグニの間でも、西日本の邪馬台国《やまたいこく》連合と同じような政治的連携が成立していたことは疑いないと思います。その中核になったのはおそらく濃尾平野の狗奴国《くなこく》であり、これを中心に西は滋賀県東部から三重県北部、東は北陸から東海東部、長野県・山梨県、さらに関東地方をふくむ広い範囲に、狗奴国連合ともいうべき広域の政治連合が形成されていた可能性は大きいと考えています。

ただこうした各地の首長たちが形成していた政治連合を、すべて面的にすき間のない政治領域をもつものと考えるのは適当ではないでしょう。これは西日本の邪馬台国連合の場合も同じですが、それは拠点的なクニとクニを結ぶ、多分に線的な結合形態であったのではないかと思います。たとえば、東京湾東岸の千葉県の市原《いちはら》市には、神門《ごうど》三、四、五号墳とよばれる、いずれも主丘の直径が三〇メートルほどの前方後円形墳丘墓がつくられています。これなどは、のちの東海道ルート上に位置する東京湾東岸の一角のクニが、はるか西方の邪馬台国と一定の関係を持っていたことを物語るものかもしれません。

邪馬台国連合から初期ヤマト政権へ

このように邪馬台国時代には、東日本でも狗奴国を中心とする広域の政治連合が成立していたとすると、卑弥呼《ひみこ》の晩年に起こった邪馬台国と狗奴国の戦いというのは、とりもなおさず西方の邪馬台国連合と東方の狗奴国連合の戦いであったということになります。この戦いの結果がどうなったかは、『魏志《ぎし》』倭人伝《わじんでん》には書かれていません。ただその後の状況から考えて、邪馬台国連合側の勝利か、その主導にもとづく和平をむかえたことはたしかでしょう。

このことは、西日本で形成されていた邪馬台国連合に、その東方の狗奴国連合がくわわり、広域の政治連合の版図《はんと》が飛躍的に拡大したことを意味します。また西日本でも東日本でも、それまで拠点的なクニグニの線的な提携のなかで、それにくわわっていなかった中間地域や周辺地域のクニグニも、相ついでこの広域の政治連合にくわわったことが予想されます。それはこの連合にくわわらなければ、鉄や先進的文物の入手の道が閉ざされることになったと思われるからです。

邪馬台国《やまたいこく》と狗奴国《くなこく》の戦争の時期は卑弥呼《ひみこ》の晩年のことで、『魏志《ぎし》』倭人伝《わじんでん》では正始《せいし》八年（二四七）のこの戦いに関する記事につづけて、卑弥呼の死を伝えています。したがって、この広域の政治連合の版図《はんと》の飛躍的拡大と卑弥呼の死は、ほぼ同時の出来事であったことになります。『魏志』倭人伝が伝える卑弥呼が擁立される経緯や、「鬼道《きどう》を事とし、能《よ》く衆《しゅう》を惑《まど》わす」と書かれているところからも、卑弥呼の政権は、多分に彼女の宗教的・呪術的《じゅじゅってき》権威によりかかる面が大きかったのではないかと思われます。こうした宗教的・呪術的権威に頼る政権は、ある意味では非常にもろいもので、事実、卑弥呼の死後、男王を立てようとしたが国中が服さず、「更《さら》に誅殺《ちゅうさつ》す」と書かれています。

卑弥呼をささえた邪馬台国の政治的中枢にいた人たちとしては、せっかくできあがった邪馬台国を中心とする広域の政治連合の体制を、さらに永続させ、発展させようと考えるのは当然でしょう。そのためには、必ずしも卑弥呼が保持したような特殊な宗教的権威にたよらなくても、この政治連合の体制が維持できるようなシステムの整備がはかられたことはまちがいないと思われます。さらにこの連合の政治体制の整備は、狗奴国連合との合体によって連合の範囲が飛躍的に拡大したことからも、焦眉《しょうび》の急《きゅう》と考えられたことでしょう。従来の、多くを宗教的権威にたよる政治連合の体制では、飛躍的に拡大した首長連合の維持はとうてい不可能であったと考えられるからです。

私は、こうした卑弥呼の死と連合の版図の飛躍的拡大を契機として、新しく整備され、革新されることになった政治連合を、それ以前の邪馬台国連合とは区別して、ヤマト政権とよんでいます。邪馬台国連合と初期ヤマト政権とでは、その中枢がそのままつづいていることはたしかだと思われますが、両者はその規模と政治支配システムの上で大きく異なるものであったことはまちがいないでしょう。その意味からも、連続するものであっても、別個の政治連合と理解したいと思います。

定型化した画一的内容を持つ古墳の創出こそは、こうした新しい政治連合の政治秩序・政治体制の整備の一環にほかならなかったのではないかと考えています。それは、この政治連合にくわわっている各地の首長達が、この連合の中での身分秩序におうじて、大小さまざまに営むものであり、それによって政治連合の政治秩序を、目に見えるものとして表現したものであったのです。共通の葬送儀礼を執りおこない、共通の首長墓を

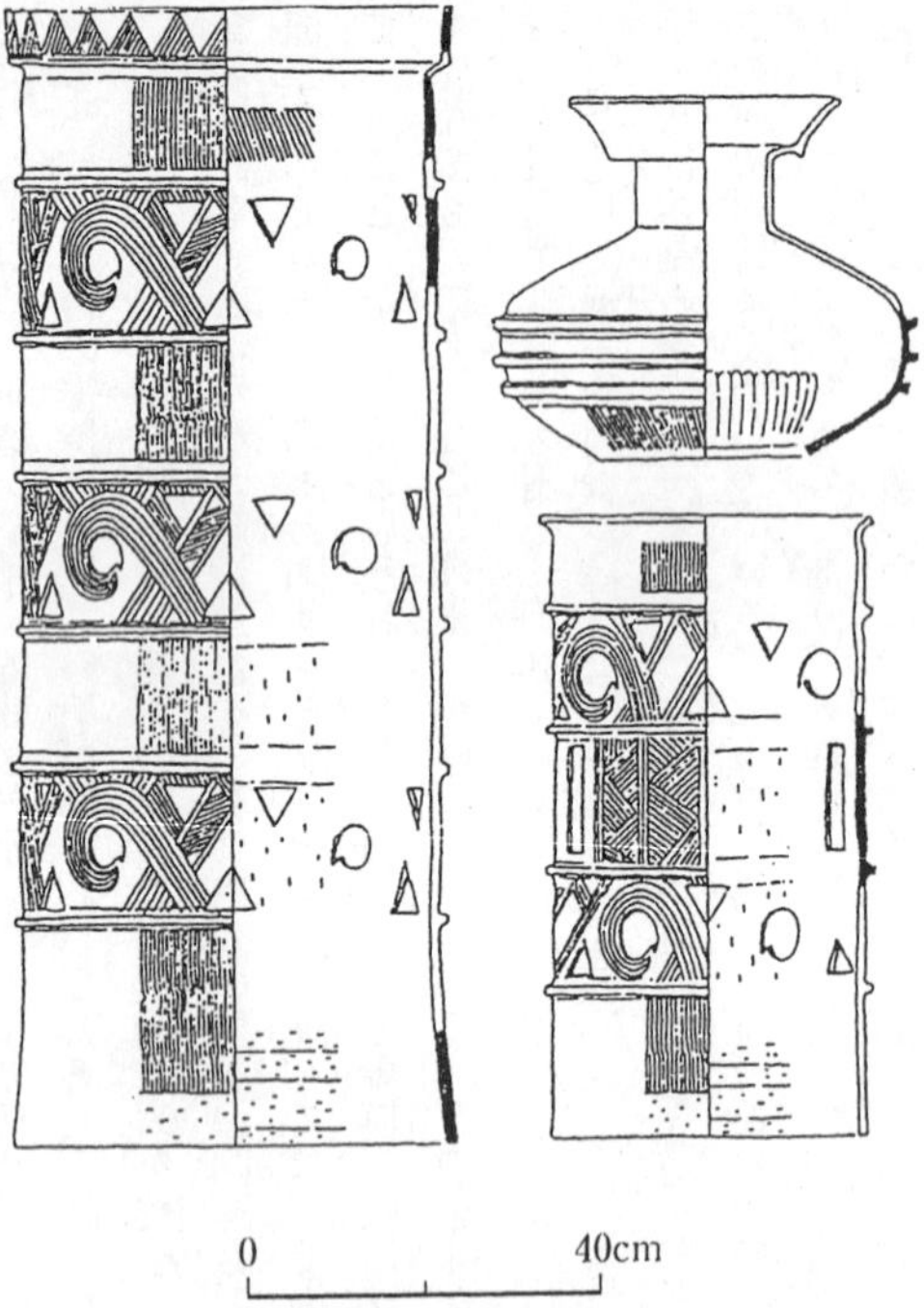

箸墓古墳の吉備型の特殊壺形・器台形埴輪

営むことが、政治的連合関係の維持・確認に有効であることは、弥生時代後期後半の地域的政治連合の段階に、すでに各地で確認ずみのことだったのではないでしょうか。

ここにいう古墳、すなわち定型化した画一的内容を持つ大型の墳丘墓は、それ以前の邪馬《やま》台国《たいこく》時代ないしそれ以前に、各地の地域的政治連合のメンバーの間で営まれていた地域性の顕著な首長墓の要素を統合して、新たに造り出されたものであることが知られています。まず前方後円墳という墳丘形態は、邪馬台国連合の盟主であった邪馬台国で営まれていた、奈良県ホケノ山墳丘墓などの前方後円形墳丘墓の前方部をさらに発達させたものにほかなりません。

また出現期の大型前方後円墳のなかでも、最大の規模をもつ箸墓《はしはか》古墳では、その後円部上に、吉備《きび》の首長連合にくわわる首長たちの墓の象徴であった、特殊壺《とくしゅつぼ》と特殊器台《きだい》の流れをひく吉備型の特殊壺形埴輪《はにわ》、特殊器台形埴輪が立てられていました。またその前方部の頂部には、濃《のう》尾《び》平野の首長墓に供献されていた壺形土器の流れをひく、尾張型の壺形

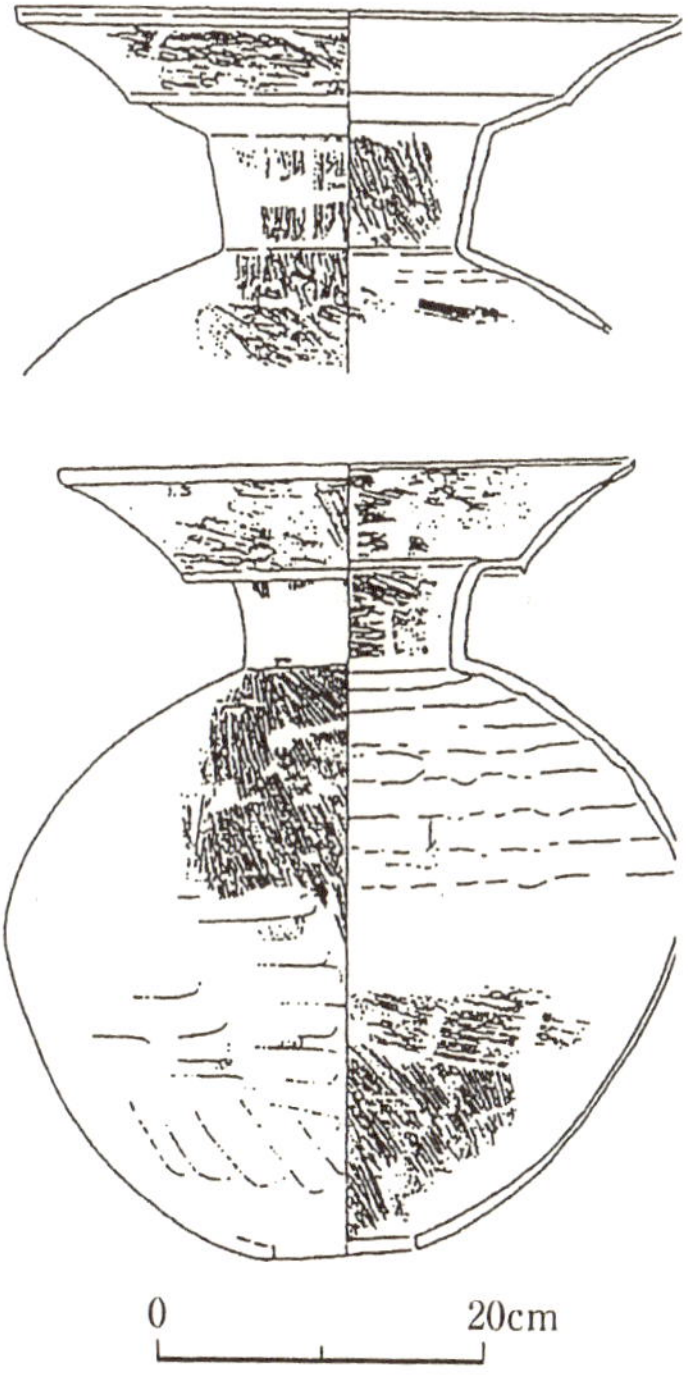

箸墓古墳の尾張型の壺形埴輪

香川県鷲ノ山石の割竹形石棺（大阪府柏原市安福寺）

埴輪《はにわ》がならべられていました。この吉備《きび》型の壺形《つぼがた》埴輪・円筒埴輪と、尾張型の壺形埴輪は、その後も長く各地の古墳の墳丘上をかざることになります。

さらに出現期の各地の古墳に採用されている板石積《いたいしづ》みの竪穴式石室《たてあなしきせきしつ》は、香川県や徳島県の弥生時代終末期の首長墓で営まれていた、板石積み石室の流れをくむものであることが明らかになってきました。近畿《きんき》地方の前期古墳の竪穴式石室のなかには、徳島県の吉野川流域の板石を運んで造ったものがあり、また吉備地方の前期の大型古墳の石室は、いずれも香川県の板石が運ばれてきています。こうした四国東部の石材を運んで造られた近畿や吉備の竪穴式石室は、あるいは四国東部の首長が構築を担当したものかもしれません。

古墳時代前期前半にはまだありませんが、前期の中頃から後半になると、割竹形木棺《わりたけがたもっかん》の形を石で作った割竹形石棺《せっかん》や、それから変化した舟形《ふながた》石棺が現れます。最初は四国の香川県国分寺町《こくぶんじちょう》の鷲《わし》ノ山石《やまいし》（石英安山岩質凝灰岩《ぎょうかいがん》）で作られたものが、近畿中央部の古墳にもたらされており、ややのちには、九州の阿蘇《あそ》の溶結《ようけつ》凝灰岩を用いて、有明海《ありあけかい》沿岸のいくつかの地域で作られたものが、瀬戸内海沿岸や近畿の古墳に運ばれています。さらに前期末葉以降には、兵庫県高砂《たかさご》市の竜山石（流紋《りゅうもん》岩質凝灰岩）で作られた組合せ式の長持形《ながもちがた》石棺が、近畿などの大型古墳に用いられるようになります。

こうした古墳時代の石棺の形態は、それぞれの石の産地ごとに異なっています。このことは、たんに石棺作りに適当な石材が選ばれただけではなく、石棺作りに適した石材のある地域の首長が、石棺作りを担当し、遠隔地の古墳にまで運んだものではないでしょうか。あるいは巨大な刳抜式《くりぬきしき》木棺の製作なども、前期前半の段階から、コウヤマキなどの適当な木材の産地の首長が、その製作と運搬を担当した可能性も考えられるのではないかと思います。

一方、古墳に副葬される三角縁神獣鏡《さんかくぶちしんじゅうきょう》をはじめとする銅鏡《どうきょう》や、前期の第二段階から多量に副葬されるようになる、鍬形石《くわがたいし》、石釧《いしくしろ》、車輪石《しゃりんせき》などの腕輪形《うでわがた》石製品については、すべてヤマト政権の中枢の、ヤマトの王権から配布されたものとする考えが一般的でした。たしかに多くの鉄器類や、中国製あるいは倭国《わこく》で鋳造《ちゅうぞう》された鏡などは、広域の政治連合形成の契機から考えても、ヤマト王権が入手し、あるいは製作して、各地の首長に分配することも少なくなかったと考えられます。ただ緑色凝灰岩の産地である、北陸の石川県の加賀地方で作られた腕輪形石製品などは、むしろ加賀の首長がその製作や供給を担当した可能性も大きいのではないかと思われます。

このように考えると、古墳というものは、各地の首長層がやまとの王を中心に、彼らの間で合意されていた一定の約束事と企画にもとづいて、まさに「共につくるもの」であったのではないでしょうか。このように考えることによってはじめて、首長連合、すなわち首長同盟の象徴としての古墳の意味と役割が正しく理解できるのではないかと思います。

また、日本列島各地の古墳は、東アジア各地、とくに朝鮮半島のそれと比較すると、その墳丘の規模が異常に大きなことが注目されます。朝鮮半島で最大の古墳は、新羅《しらぎ》の都であった慶州の皇南大塚《こうなんおおつか》と名付けられた双円墳《そうえんぷん》（円墳を二つ連接させたもの）ですが、その墳丘の長さは約一二〇メートルです。日本列島では墳丘長一二〇メートル以上の前方後円墳や前方後方墳は二〇〇基ちかくも知られています。こうした日本列島の古墳の規模がきわめて大きいことなどもまた、おそらく同祖同族意識（自分たちが共通の祖先をもつ同族であるという意識）を結合原理とする日本列島の首長連合の特異な性格と、さきにみたような共通の墓造りの結果と考えることができるのではないかと思います。

このように私は、広域の政治連合の政治システムの革新の一環として、各地の首長が「共につくるもの」としての古墳が創出されたものであることは疑いないと考えています。そしてその契機が、連合の版図《はんと》の飛躍的な拡大と、卑弥呼《ひみこ》という呪術的《じゆじゆってき》権威の喪失にあることを考えると、古墳の創出は、まさに卑弥呼の死を一つの契機にして生み出されたものということもできるのではないかと思います。

奈良盆地の東南部のやまとの地には、初期のヤマト政権の盟主、すなわち初期の倭国王の墓と想定される大規模な前方後円墳が、累々と営まれています。それらの一つ、前節でもふれた桜井市《さくらい》の箸墓古墳《はしはか》は、神の山として有名な三輪山《みわやま》の西の麓《ふもと》にある、墳丘の長さ二八〇メートルの巨大な前方後円墳です。この古墳からは、弥生時代終末期の吉備《きび》の首長墓に立てられていた特殊壺《とくしゆつぼ》・特殊器台《きだい》の流れをくむ、もっとも古い段階の特殊壺形埴輪《はにわ》・特殊器台形埴輪が出土しており、またその周濠《しゆうごう》から、古墳時代初頭のころの土《は》師器《じき》が数多く出土しています。このことからも、やまと、すなわち奈良盆地東南部の古墳時代初期の大型前方後円墳のなかでも、最古に位置づけられるものであることは疑いありません。

古墳時代初頭、すなわち古墳の出現期のなかでも古い段階のものと想定される箸墓《はしはか》古墳の造営年代は、おそらく三世紀の中葉すぎと考えて大きな誤りはないものと思われます。『魏志《ぎし》』倭人伝《わじんでん》によると、卑弥呼《ひみこ》が亡くなったのは、二四七年かその直後であることが知られます。箸墓古墳のような巨大な前方後円墳の造営は、倭人たちにとってはじめての経験であったわけですから、その造営には、一〇年以上の年月を要したであろうことは容易に想像できます。とすれば、やまとの地に最初に営まれたヤマト政権の盟主の墓である箸墓古墳が、最初の倭国王である卑弥呼の墓である可能性はきわめて大きいと、私は考えています。

『日本書紀』は、この箸墓を第八代の孝元《こうげん》天皇のキョウダイで、三輪山《みわやま》の神オオモノヌシに仕えた巫女《みこ》の、ヤマトトトヒモモソヒメの墓と伝えています。もちろん孝元天皇は実在の天皇とは考えられず、ヤマトトトヒモモソヒメに関する記事も、伝説的な要素の強い説話ですが、この墓の主が、天皇の女のキョウダイで、三輪山の神に仕える偉大な巫女であると伝えられていることは、きわめて興味深いことだと思います。それはまさに『魏志』倭人伝が「男弟有りて助けて国を治む」と伝える卑弥呼像にきわめてちかいからです。

奈良時代の八世紀に編纂《へんさん》された『日本書紀』に、三世紀の人物やその墓に関する伝承がほぼ正確に伝えられているとすれば、それは驚くべきことといわざるをえません。私は、おそらく古墳自体がその被葬者に関する伝承を伝える役割をも担っていたのではないか、大きな古墳には、その被葬者に関する伝承を口承で伝える役割を負わされた人たちがいたのではないかと考えています。

『日本書紀』によると、持統《じとう》五年（六九一）に大三輪《おおみわ》氏《し》以下一八の氏《うじ》に、「その祖等《おや》の墓記《ぼき》を上進せしむ」とあり、各氏に「墓記」の提出が命じられています。これはすでにはじまっていた『日本書紀』の編纂の資料とするためのものと考えられていますが、各氏の祖先伝承が「墓記」と名づけられていたことは、氏の祖先伝承が墓を媒介として伝えられていたことと関係するものでしょう。この記事の筆頭にでてくる大三輪氏はまさに箸墓の営まれた三輪山の西麓《せいろく》の地を本貫《ほんがん》（本拠地）とする豪族ですが、あるいは、この大三輪氏の「墓記」の中にこの箸墓伝承もふくまれていたのかもしれません。

奈良県桜井市の三輪山と箸墓古墳
（撮影・梅原章一）

いずれにしても、三輪山《みわやま》の麓《ふもと》に営まれた箸墓《はしはか》古墳が、卑弥呼《ひみこ》の墓である可能性はきわめて大きいと思われます。出現期古墳のなかでも、最大の規模をもつ箸墓古墳を、卑弥呼の墓と考えてさしつかえないとすれば、むしろ古墳それ自体や、それが象徴するヤマト政権自体は、卑弥呼の死が契機となって生み出されたものといえるのかもしれません。

初期ヤマト王権の基盤とその原領域

お気づきかもしれませんが、私は「ヤマト政権」と「ヤマト王権」を使いわけています。すでに何度かのべたように、「ヤマト政権」は、邪馬台国《やまたいこく》連合を母体に、東方のクニグニの参加による版図《はんと》の拡大と、卑弥呼という呪術的《じゆじゆってき》権威の死を契機に革新された、広域の政治連合の名称として使っています。このヤマト政権には、やまとの勢力を中心とする近畿《きんき》中央部の勢力をはじめ、日本列島各地の政治勢力が参加していたことはいうまでもありません。たとえ盟主の立場にあったとしても、こうした連合の構成員の一つにすぎない近畿中央部の勢力は、連合体としてのヤマト政権それ自体とは区別されなければなりません。私は、このヤマト政権の中核となった近畿中央部の政治勢力とその王権を「ヤマト王権」とよんでいます。

次にこのヤマト王権の中核をになった、奈良盆地東南部の政治勢力のあり方をみてみることにしましょう。次頁の図をみてください。これは奈良盆地東南部、すなわち、やまとの地域における大型古墳の分布状況を示したものです。そのほぼ中央にあるのが、箸墓《はしはか》古墳ですが、この地域には箸墓をふくめて、墳丘の長さが二〇〇メートルをこえる、前期初頭から前期中ごろまで、すなわち三世紀中葉すぎから四世紀中ごろまでの大型前方後円墳が六基もあります。

それらの構築順序については、まず箸中《はしなか》古墳群の箸墓古墳（墳丘長二八〇メートル）が営まれ、ついで北方の大和《おおやまと》古墳群の西殿塚《にしとのづか》古墳（現手《た》白香皇女陵《しらかのひめみこりょう》、二四〇メートル）、ついで南の鳥見山古墳群の外山《とび》茶臼山《ちゃうすやま》古墳（二〇〇メートル）、ついで同じ古墳群のメスリ山古墳（約二五〇メートル）、ついで柳本《やなぎもと》古墳群の行燈山《あんどんやま》古墳（現崇神天皇陵《すじんてんのうりょう》、二四〇メートル）、ついで同じ古墳群の渋谷向山《しぶたにむかいやま》古墳（現景行《けいこう》天皇陵、三一〇メートル）が営まれたものと考えられます。

これらの古墳は、この前期初頭から中葉ころの古墳としては、日本列島各地の大型古墳と比較してもいずれも隔絶した規模をもっています。このことから、これらの古墳が

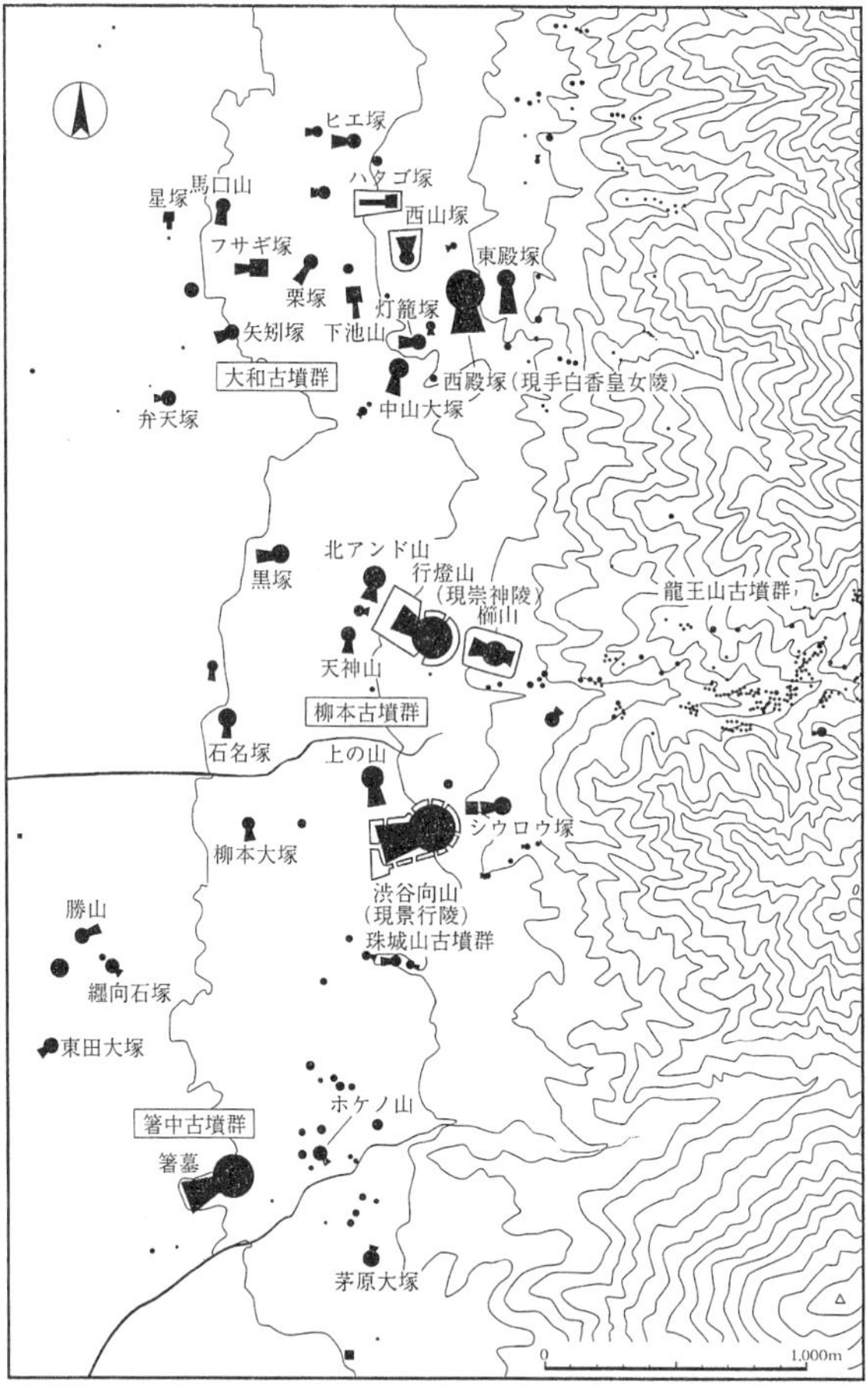

奈良盆地東南部の大型古墳の分布（北半部）

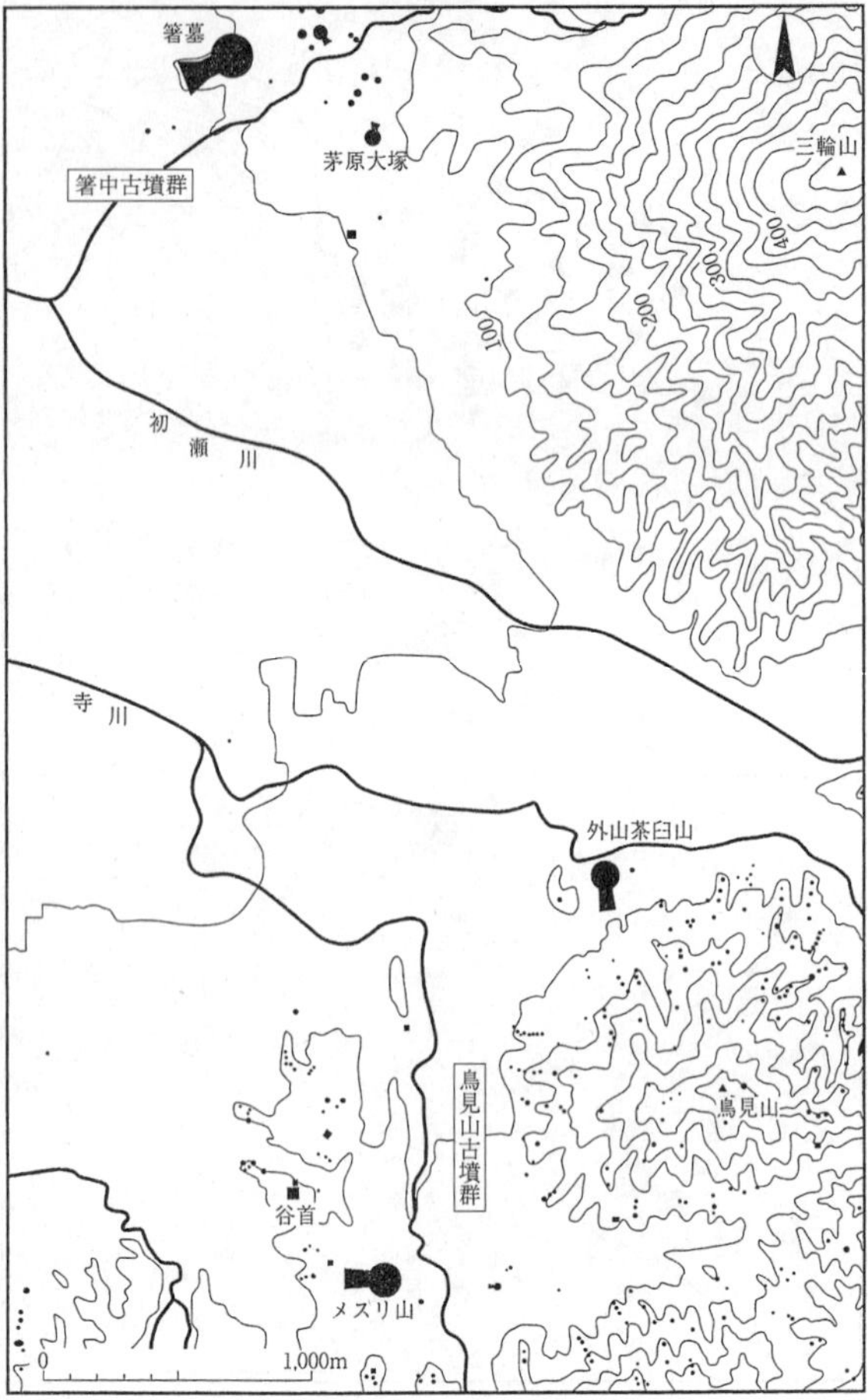

奈良盆地東南部の大型古墳の分布（南半部）

ヤマト政権の盟主、すなわち倭国王《わこくおう》の墓であることは疑いないといえましょう。おそらく卑弥呼《ひみこ》、すなわち初代の倭国王墓から、第六代までの倭国王の墓がすべてこの地域に営まれているものと想定されます。

この初期の倭国王墓のあり方で興味深いことは、それらがいずれも奈良盆地東南部のやまとの地に営まれながらも、それらがすべて同一の古墳群に代々営まれているわけではなく、この地の四つの古墳群に分かれて一、二基ずつ営まれていることです。

私は、古墳群というのは、血縁的な同族関係で結ばれた一つの集団が営んだものと考えています。古墳がヤマト政権の政治秩序と密接な関係をもって営まれたものであるとすれば、それらの古墳群を営んだ集団は、政治的な集団にほかならないということになります。のちに氏《うじ》とよばれるような政治集団を想定しても大きなまちがいはないものと考えています。とすれば、初期のヤマト政権の盟主、すなわち初期の倭国王は、やまとのいくつかの有力な政治集団から出て、交替でその地位につくといった形の王位の継承が行われていたということになります。

それは、記・紀が初期の天皇の皇位継承について描いているような、一つの王家の男系世襲制による王位の継承とはほど遠いものであったことが想定されます。『魏志《ぎし》』倭《わ》人伝には、卑弥呼について「乃ち共に一女子を立てて王と為す」とあります。この「共立」というのは、邪馬台国《やまたいこく》連合にくわわることになる西日本各地のクニグニによって共立されたということでしょうが、それはまた、やまとのいくつかの政治集団によって共立されたという面もあったことは疑いないものと思われます。

ヤマト王権の中枢をになった勢力が、奈良盆地東南部のいくつかの集団であったことは、こうした王墓のあり方からも疑いないと思われますが、それではこの邪馬台国からつづくヤマトの勢力、すなわちヤマト王権の本来的な基盤というか、その直接的な支配領域はどの地域だったのでしょうか。それはやまと、すなわち奈良盆地東南部というような狭い範囲ではなかったと思われます。これについては、一般に、近畿《きんき》中央部、のちに畿内《きない》（律令時代の大和《やまと》、山城《やましろ》、河内《かわち》、和泉《いずみ》、摂津《せっつ》の地域）とよばれる地域と考える人が多いのですが、私は少し違う考えを持っています。

次の図は、畿内とよばれる地域の古墳時代前期初頭、すなわち出現期の古墳の分布状況を示したものです。この図によると、同じ畿内でもその北部と南部では、出現期古墳の分布のあり方に大きな相違があることが、おわかりいただけるでしょう。

まず北の淀《よど》川水系では、淀川北岸の摂津の大阪府高槻《たかつき》市弁天山《べんてんやま》古墳群には、前方後円

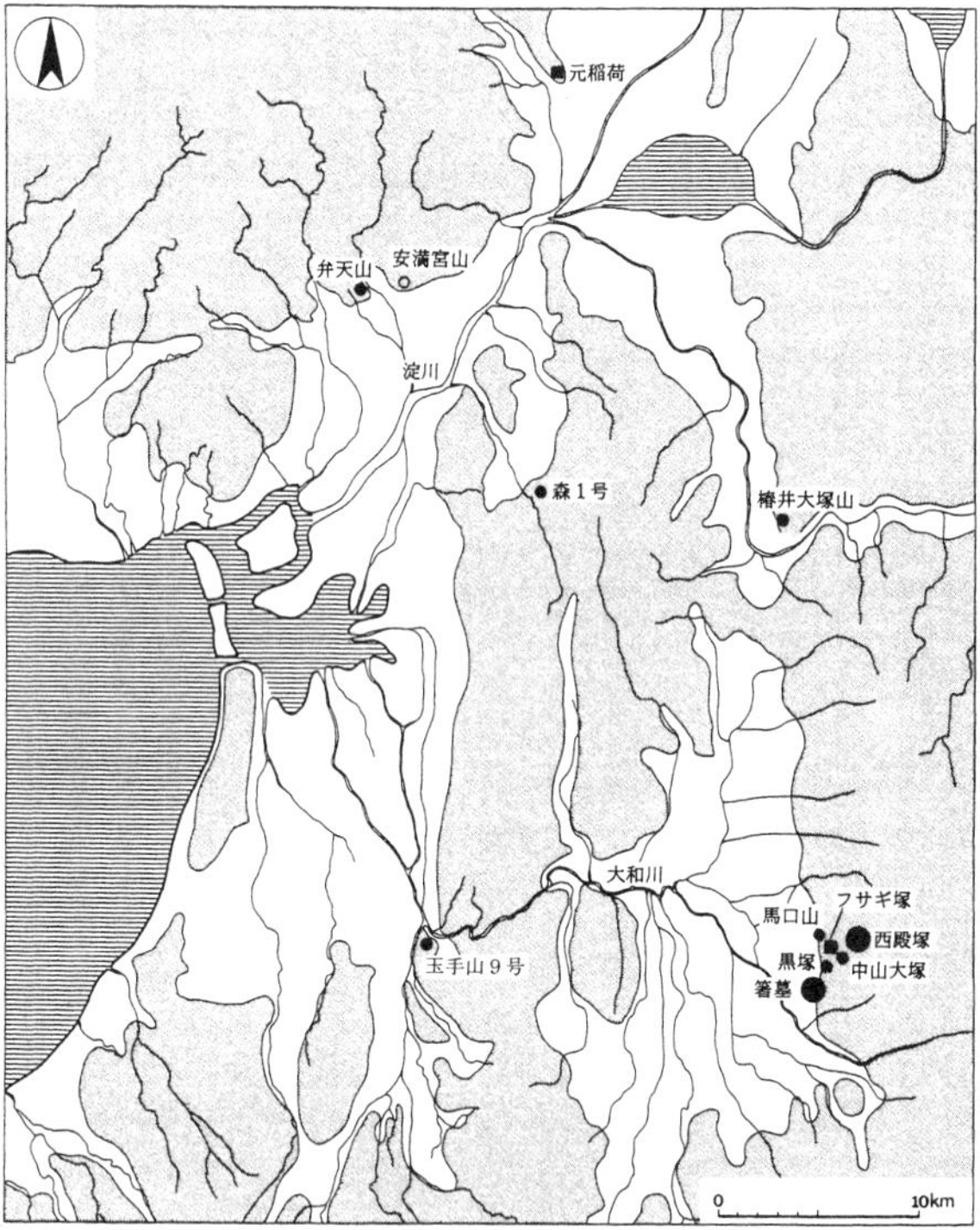

近畿中央部における出現期古墳の分布

墳である弁天山A1号墳（墳丘長一二〇メートル）が、淀《よど》川南岸の北河内《きたかわち》の交野《かたの》市の交野古墳群には、前方後円墳の森1号墳（約一〇〇メートル）が、淀川上流の桂《かつら》川流域の山城乙訓《やましろおとくに》地域には、前方後方墳の京都府向日《むこう》市元稲荷《もといなり》古墳（九八メートル）が、やはり淀川上流にあたる木津《きづ》川上流の山城南部には、三六面もの銅鏡を出した前方後円墳として著名な椿井大塚山《つばいおおつかやま》古墳（一四〇メートル程度か）があります。すなわち淀川水系では、その要所要所にそれぞれ墳丘長一〇〇メートル級以上の出現期の前方後円墳、ないし前方後方墳があり、有力な政治勢力が各所に存在していたことを示しています。

これに対し畿内《きない》でも南の大和《やまと》川水系にも、箸墓《はしはか》古墳、西殿塚《にしとのづか》古墳をはじめ、出現期の大規模な前方後円墳、あるいは前方後方墳が数多くみられますが、それらはすべて大和川上流の奈良盆地東南部のやまとの地に集中しています。そして同じ大和川水系でも、のちに大規模な古墳が数多く営まれる奈良盆地北部の曽布《そふ》や西南部の葛城《かつらぎ》地域、さらに大阪平野の南河内の地域には出現期の古墳はほとんどみられないのです。わずかに南河内には、出現期でも新しい段階に玉手山九号墳（六五メートル）がみられるにすぎません。

のちに畿内とよばれる近畿《きんき》中央部が、すでに弥生時代の段階から、北の淀川水系と南の大和川水系とで土器の様相をまったく異にしていたことは、はやくに佐原真《さはらまこと》さんによって明らかにされています（「大和川と淀川」『古代の日本』五、角川書店、一九七〇年）。出現期古墳のあり方にも、このように顕著な差異がみられることは、いったい何を意味するのでしょうか。

これは、畿内でも北の淀川水系では、それぞれの地域に有力な政治集団が独立的に存在していたのに対し、大和川水系を中心とする南の地域は、すでに一つの政治領域を形成しており、さらにこの地域では上流域のやまとの勢力の覇権《はけん》が確立していて、同じ大和川水系でも下流の葛城や南河内の勢力は古墳を造れなかったことを示すものであろう、と私は考えています。このことは、邪馬台国《やまたいこく》、あるいはヤマト王権の本来の支配基盤というか、その原領域が、畿内南部の大和川水系を中心とする大和、河内（北部をのぞく）、和泉《いずみ》の地域であったことを示すものにほかならないのではないでしょうか。

このことはまた、古墳時代を通じて、倭国王墓《わこくおうぼ》をふくむ墳丘長二〇〇メートル以上の大型前方後円墳が数多く営まれたのが、畿内南部の大和《おおやまと》・柳本《やなぎもと》古墳群、佐紀《さき》古墳群、古《ふる》市《いち》古墳群、百舌鳥《もず》古墳群など、すべて畿内南部の地域であり、北ではわずかに大阪府高《たか》槻《つき》市・茨木《いばらき》市の三島野《みしまの》古墳群に茨木市太田《おおた》茶臼山《ちゃうすやま》古墳（現継体《けいたい》天皇陵、墳丘長二二七メー

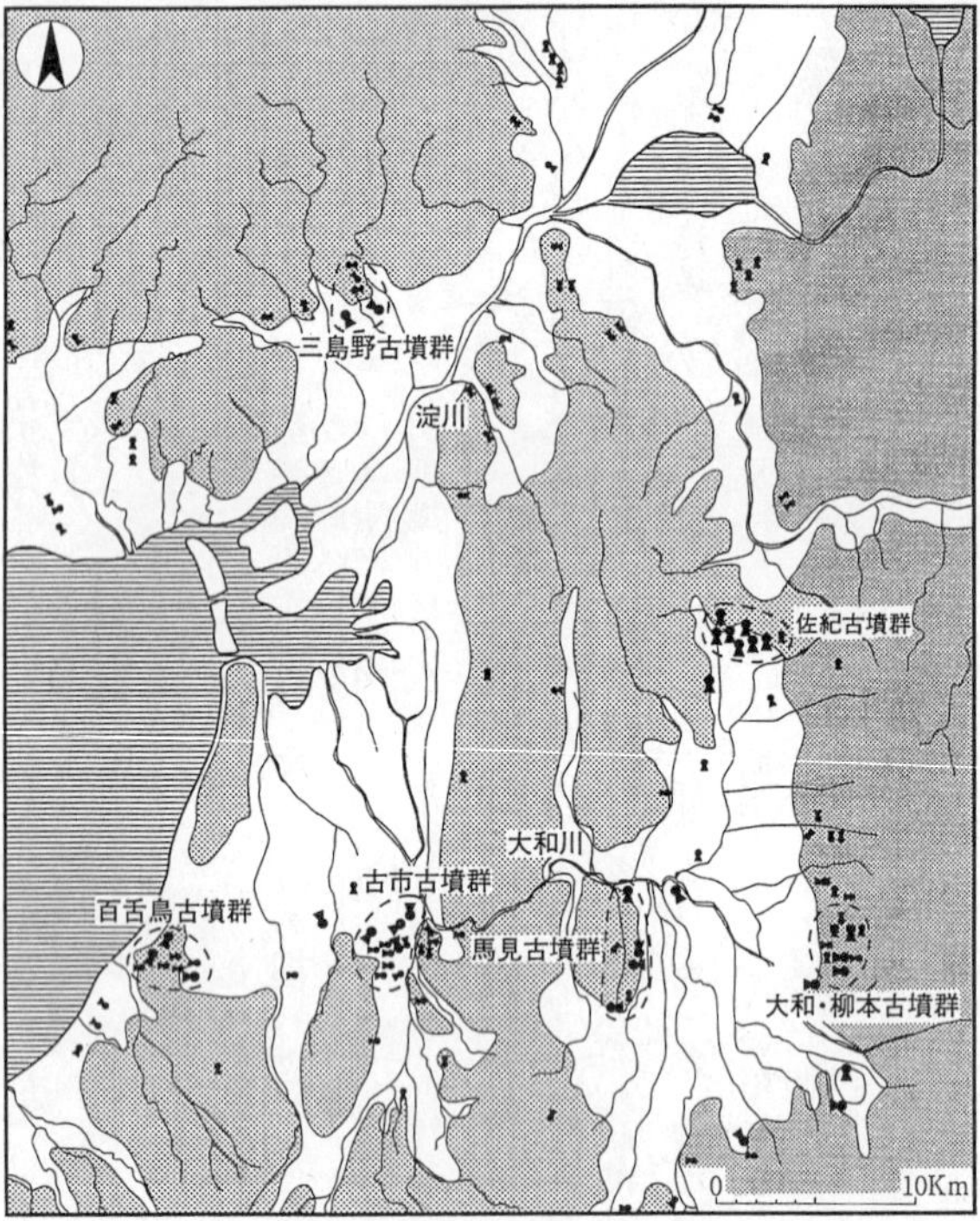

近畿中央部における大型古墳の分布

トル）が一基がみられるにすぎないことからも、うなずけるでしょう。

このように私は、邪馬台国《やまたいこく》、あるいはヤマト王権の原領域というか、その本来の政治基盤が畿内《きない》南部の大和《やまと》川水系、すなわち大和と河内《かわち》（奈良時代に河内から分離された和泉《いずみ》をもふくむ）にあったことはあやまりないと考えています。邪馬台国、あるいは初期のヤマト王権は、大和川流域の地域的政治連合にほかならなかったと思われるのです。

直木孝次郎《なおきこうじろう》さんは、七世紀前半ころ、ヤマト王権の中枢を構成していた大夫《まえつきみ》とよばれる中央豪族の本拠地が、ほとんど大和と河内にかぎられること、さらに奈良時代に相嘗祭《あいなめのまつり》（新嘗祭《にいなめのまつり》に先立って新穀を神にささげる祭り）にかかわっていた神社の分布などから、ヤマト王権の基盤は畿内全域ではなく、大和と河内であったことを指摘しておられます（「摂津国の成立」『日本古代の氏族と国家』吉川弘文館、二〇〇五年）。

これは六～七世紀のヤマト王権の中核を構成する豪族がすべて、大和・河内を基盤とする豪族であったことを明確にされたものですが、さきの私の想定と完全に一致することが注目されます。大和と河内がヤマト王権の基盤であったという直木さんの指摘は、じつは三世紀後半の初期のヤマト王権、さらに邪馬台国段階にまでさかのぼることができると考えています。

王と巫女《みこ》

次に、これら初期の倭国王《わこくおう》の王権の実態について、少し考えてみることにしましょう。次の図は、やまとの初期の王墓の一つ、西殿塚《にしとのづか》古墳の墳丘図です。すでにのべたように、この古墳はやまとの地にある六基の初期の王墓のうちでは、箸墓《はしはか》古墳につぐ時期のものです。それは箸墓古墳のものよりは新しいものですが、吉備《きび》型の特殊器台形埴輪《とくしゅきだいがたはにわ》が検出されていることからみても誤りないでしょう。前節で想定したように、箸墓古墳の被葬者を卑弥呼《ひみこ》と考えてよいとすると、それにつぐ時期の西殿塚古墳は、卑弥呼の後継者である壱与《いよ》の墓である可能性がきわめて高いということになります。

ところで、この西殿塚古墳の墳丘図をごらんいただくと、後円部の墳頂部に、一辺二〇メートルあまりで、高さ二メートルほどの方形壇が営まれていることに気づかれると思います。この古墳の中心的な埋葬施設が、この方形壇にうがたれた大規模な墓壙《ぼこう》のなかに営まれた竪穴式石室《たてあなしきせきしつ》であることはまずまちがいないでしょう。さらにこの古墳の前方部の先端の頂部にも、後円部のものよりはやや小規模ですが、これにきわめてちかい

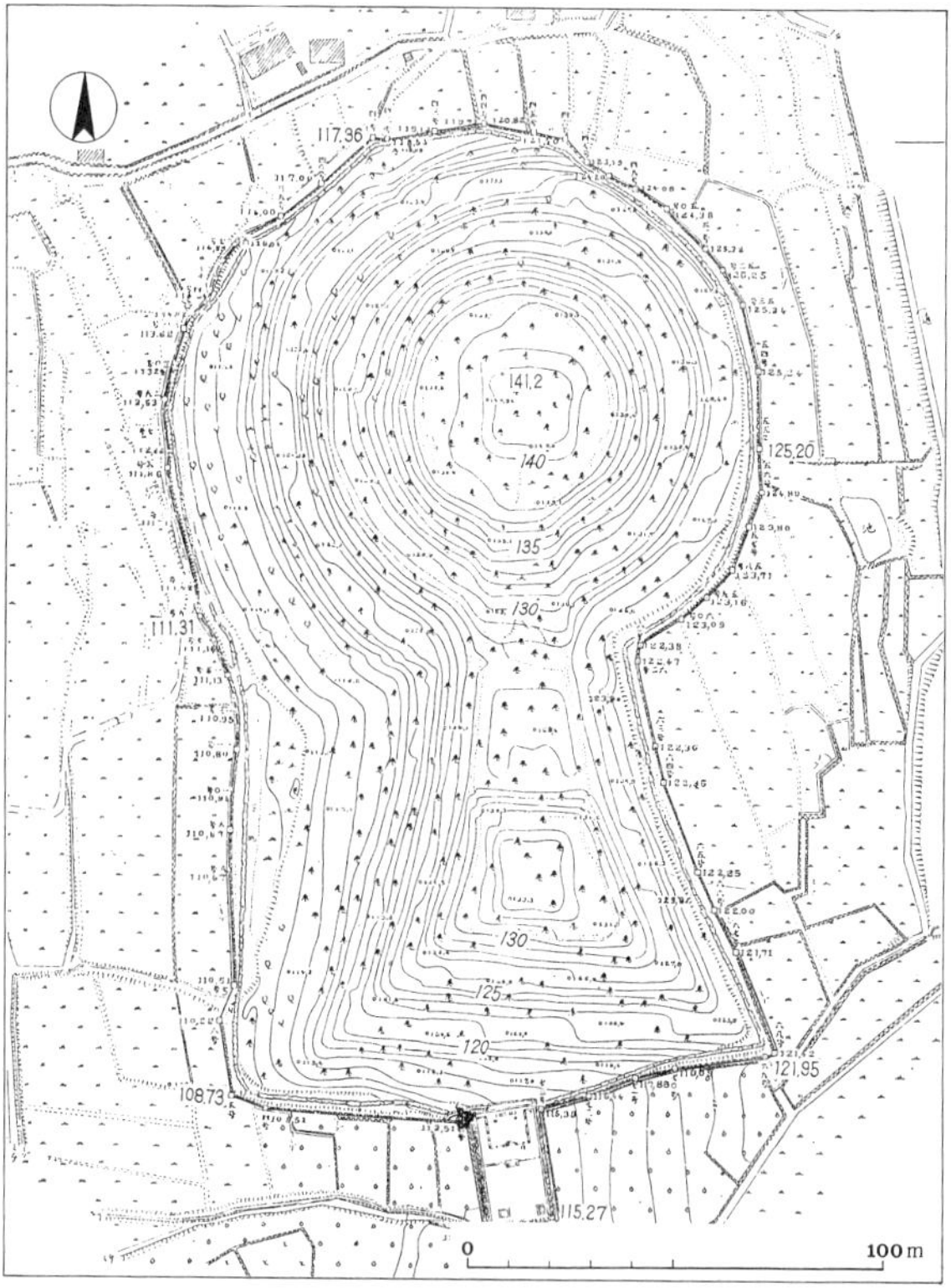

奈良県天理市西殿塚古墳（現手白香皇女陵）
（宮内庁書陵部）

規模の方形壇があることに気づかれるでしょう。この後円部と前方部のほぼ同形同大の方形壇の存在は、この古墳では、後円部と前方部にほぼ同格の埋葬が行われていることを示すものにほかならないと思います。

ところで『魏志《ぎし》』倭人伝《わじんでん》によると、この壱与《いよ》という女王は、卑弥呼《ひみこ》の死後、男王を立てようとしたところ国中が服さなかったので、「卑弥呼の宗女《そうじょ》（一族の女性）の壱与、年十三なるを立てて王と為《な》し」たものです。この記載からは、壱与が卑弥呼と同じように巫女《みこ》であった可能性がきわめて大きいことが想定されます。この古墳が壱与の墓である可能性が大きいことを考えると、その後円部と前方部の方形壇の被葬者は、いずれがいずれかはわかりませんが、一方が宗教的・呪術的《じゅじゅつてき》王の壱与であり、もう一方が、その男のキョウダイの政治的・軍事的王である可能性が大きいと判断されます。

少し想像がすぎるように思われる読者もおられるかもしれませんが、よく似た実例はいくつかあげることができます。

次の図は奈良県川西町《かわにしちょう》の島の山《しまのやま》古墳という中期初頭、四世紀後半の、墳丘長が約二〇〇メートルの大型前方後円墳です。この古墳の後円部には、わざわざ兵庫県の高砂《たかさご》市の竜山《たつやま》から運ばれた流紋岩質凝灰岩《りゅうもんがんしつぎょうかいがん》製の天井石を用いた、立派な竪穴式石室《たてあなしきせきしつ》が存在した

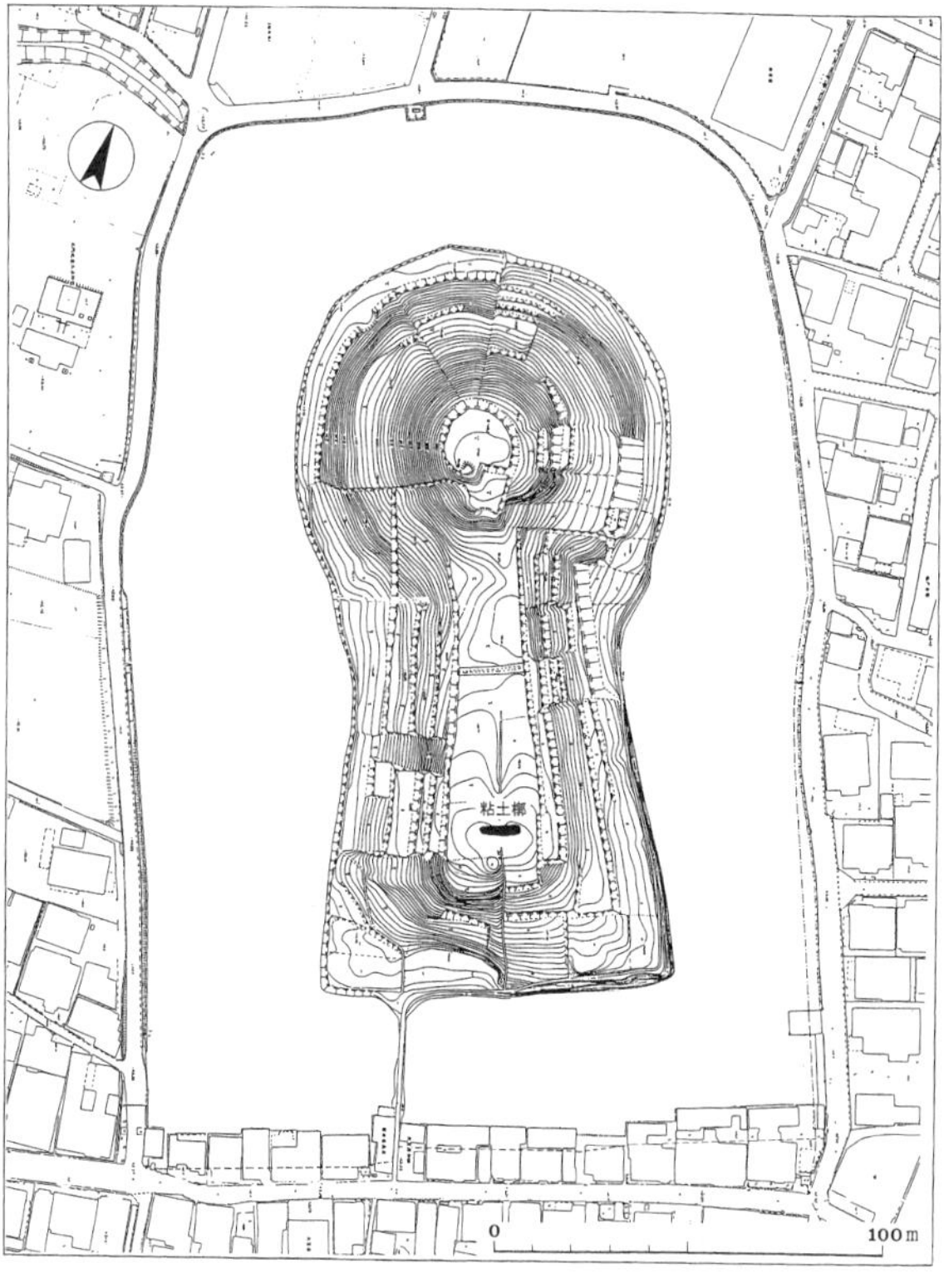

奈良県川西町島の山古墳

ことが知られていますが、現存しません。一九九六年に行われた奈良県立橿原《かしはら》考古学研究所の発掘調査により、前方部先端の頂部で、墳丘の主軸に直交する方向に主軸をおく粘土《ねんど》槨《かく》が発見されました。粘土槨というのは、竪穴《たてあな》式《しき》石《せき》室《しつ》の省略形式ともいうべきもので、墓《ぼ》壙《こう》内に収めた木棺を粘土で被覆して、埋めてしまうものです。

島《しま》の山《やま》古墳の前方部の粘土槨で注目されたのは、この棺をおおう粘土のうえに、一三

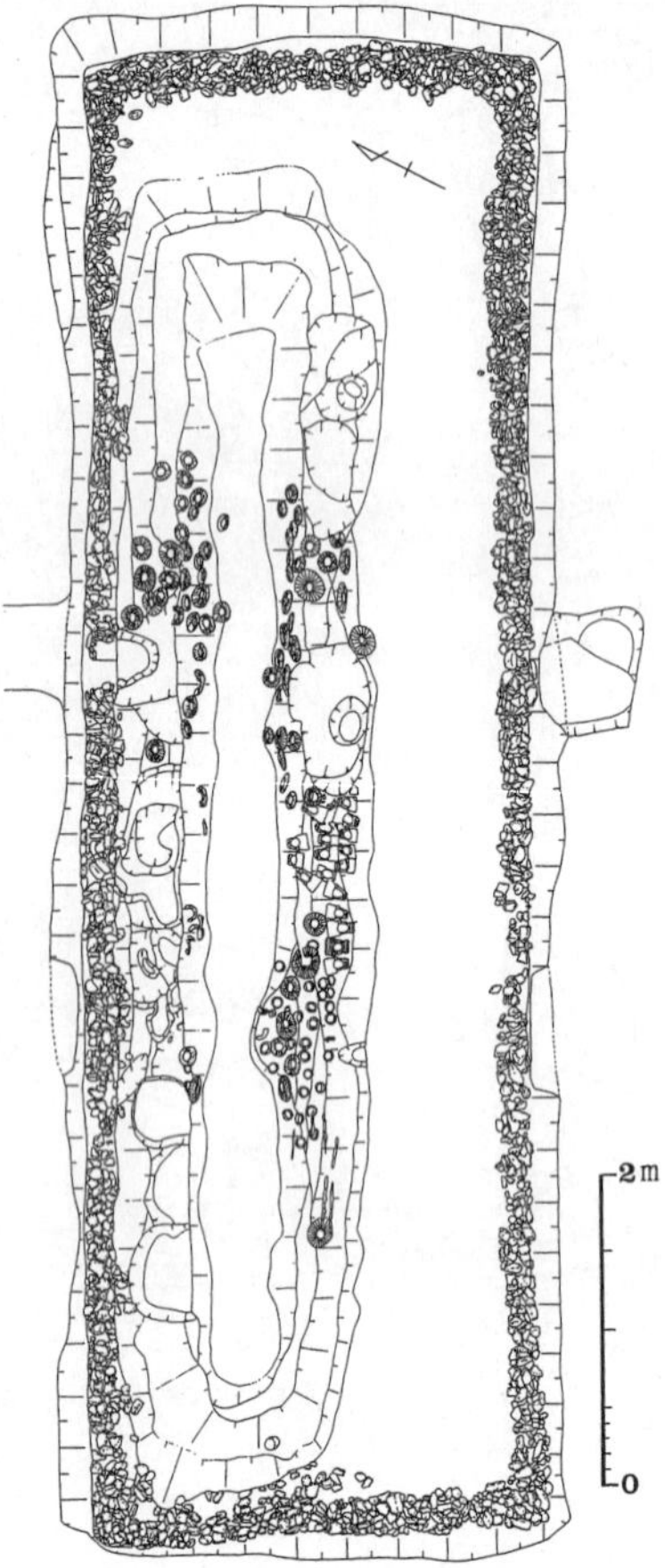

島の山古墳の前方部粘土槨

○点あまりもの多量の腕輪《うでわ》形石製品がならべられていたことです。さらに木棺の腐朽《ふきゅう》にともなって、棺内に陥没していた被覆粘土を掘りあげると、棺内からは三面の鏡と三点の石製合子《ごうす》（身《み》と蓋《ふた》からなる小さな容器）とともに、豪華な玉類が検出されましたが、武器・武具はまったくみられませんでした。さらに興味深いことは、この棺内の被葬者は首飾りとともに、手玉《てだま》を着装していたことです。のちの人物埴輪《はにわ》の例では、手玉を着装しているのはすべて女性の巫女《みこ》にかぎられています。

ところで、腕輪形石製品には、鍬形石《くわがたいし》、石釧《いしくしろ》、車輪石《しゃりんせき》の三種がありますが、いずれも弥生時代の九州でさかんに用いられていた、奄美《あまみ》大島より南の海でしかとれない貝で作った貝輪《かいわ》を、古墳時代になって石で作るようになったものです。このうち鍬形石は、もとは南海産のゴホウラという巻貝を縦切りにした貝輪で、男性が用いたもの、石釧はやはり南海産の巻貝であるイモガイを輪切りにした女性用の貝輪、車輪石は南海産のオオツタノハの頂部に孔《あな》をあけたもので、女性ないし子どもの貝輪でした。さらに興味深いのは、子供のときでなければ着装できないゴホウラやイモガイの貝輪を右手にいくつも付けた人骨が発見されており、これらの貝輪を付けた人物は通常の労働をしなくてもよい人、すなわち神をまつる司祭者と考えられていることです。

古墳時代になると、これらの南海産の貝輪は石で作られるようになり宝器《ほうき》化《か》しますが、それが司祭者を象徴する持ち物であることには変わりはなかったものと思われます。すなわち、一三〇点あまりもの腕輪《うでわ》形石製品で守られた、島《しま》の山《やま》古墳前方部の粘土《ねんど》槨《かく》の被

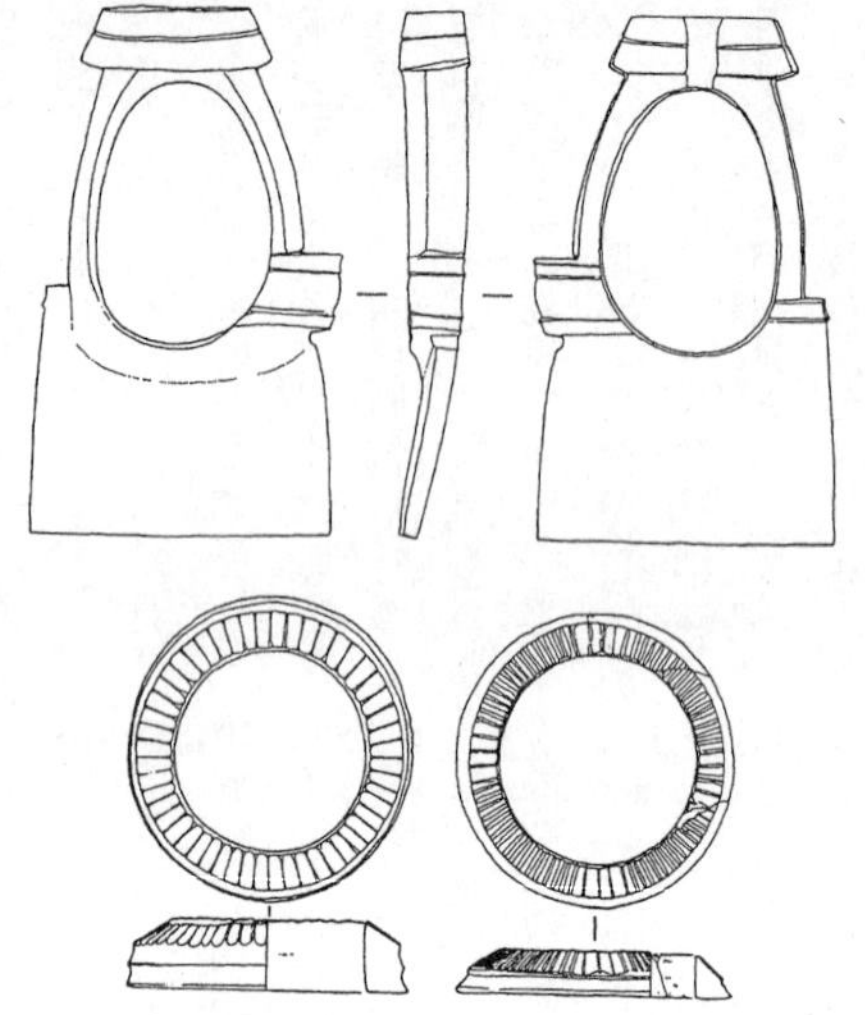

島の山古墳の前方部粘土槨出土の腕輪形石製品
上：鍬形石、中：石釧、下：車輪石

葬者は、女性の司祭、すなわち神を祀《まつ》る巫女《みこ》であったことはまず疑いないでしょう。この古墳の後円部の竪穴式石室《たてあなしきせきしつ》の被葬者については検討の手がかりがありませんが、それが竜山《たつやま》石製の天井石をともなう立派なものであったことから、おそらく男性の政治的・軍事的首長が埋葬されていた可能性が大きいと思われます。

すなわちこの古墳では、後円部におそらく男性の政治的・軍事的首長が、前方部にはおそらくその女のキョウダイの、宗教的・呪術的《じゆじゆってき》首長が葬《ほうむ》られていたものと想定されるのです。後円部の被葬者と前方部の被葬者の格差が顕著にはなっていますが、西殿塚《にしとのづか》古墳の場合と基本的には共通する埋葬例であることはたしかでしょう。

こうした例はほかにもいくつかあげることができます。中期初頭の四世紀後半の前方後円墳である、三重県伊賀《いが》市の石山《いしやま》古墳（墳丘長一二〇メートル）では、後円部に三つの粘土槨が営まれていました。このうち中央槨と東槨の被葬者はそれぞれ多量の武器・武具をもっていたのに対し、西槨の被葬者は武器はごくわずかですが、車輪石《しやりんせき》四四点、石釧《いしくしろ》一三点、鍬形石《くわがたいし》一〇点という多量の腕輪形石製品をもっていました。これも性別はわかりませんが、政治的・軍事的首長権と宗教的・呪術的首長権の組合せで、一代の首長権が成り立っていたことを示す例でしょう。

三重県伊賀市石山古墳

この石山古墳とほぼ同時期の前方後円墳である、岐阜《ぎふ》県大垣《おおがき》市長塚《ながつか》古墳（墳丘長八一メートル）でも同じような埋葬例が知られています。ここでは後円部に営まれた二つの粘土《ねんど》槨《かく》のうち、東槨からは三角縁神獣鏡《さんかくぶちしんじゅうきょう》三面、鍬形石《くわがたいし》三点とともに、多くの武器類が出土しているのに対し、西槨からは七六点もの石釧《いしくしろ》が、三面の鏡や石製合子《ごうす》などとともに出土していますが、武器類は棺外《かんがい》に鉄刀が二点あったにすぎません。ここでも東槨の政治的・軍事的首長と、西槨の宗教的・呪術的《じゅじゅってき》首長の組合せが想定できます。なお、ここでは西槨の多量の腕輪《うでわ》形石製品がすべて石釧であり、東槨のそれが三点の鍬形石であったことが注目されます。

さきにのべたように、石釧の原形は、女性司祭者が身につけるイモガイ製の貝輪《かいわ》であり、鍬形石の原形は、男性司祭者がつけるゴホウラ製の貝輪でした。島《しま》の山《やま》古墳の前方部粘土槨や、石山《いしやま》古墳の西槨の例からも明らかなように、古墳時代になるとこうした性別による使い分けはみられなくなると考えられています。ただ長塚《ながつか》古墳の場合はそうした性差の意識がまだ残っていた可能性が大きく、西槨は女性の巫女《みこ》であったのに対し、東槨は男性の政治的・軍事的首長であり、三点の鍬形石の副葬が物語るように、司祭者的役割をも合わせ持つ人物であったのではないでしょうか。

このように、一代の王権なり首長権が、政治的・軍事的なそれと、宗教的・呪術的なそれとの組合せで成立していた例が少なくないことは、こうした三世紀後半から四世紀代の古墳のあり方から想定することができます。ただ、こうした例があるからといって、この時期の王権、首長権がすべてこうした聖俗二重王制、あるいは聖俗二重首長制であったと考えることは適当ではありません。なぜなら、この時期の古墳で、中心的な埋葬施設が一つしかみられない例も決して少なくないからです。

たとえば、九三、九四頁の図にみられるやまとの地域の初期の倭国王墓《わこくおうぼ》の場合でも、西殿塚《にしとのづか》古墳につづく三代目の桜井《さくらい》市外山《とび》茶臼山《ちゃうすやま》古墳、四代目のメスリ山古墳の場合は、ともに中心的な埋葬施設は後円部の竪穴式石室《たてあなしきせきしつ》一基だけのようです。この二つの王墓はすでに盗掘されていましたが、それでも多数の副葬品やその断片が検出されており、いずれも多量の武器・武具とともに、腕輪《うでわ》形石製品やその他司祭者の持ち物と想定される石製品類が多数副葬されていたことが知られています。おそらく三代目、四代目の倭国王は男性で、政治的・軍事的王権と、宗教的・呪術的《じゆじゆつてき》王権をかねそなえていたのでしょう。記・紀の伝承のなかでも、男性の呪術的司祭者の例は決して少なくありませんから、呪術的な王や首長を女性と決めてしまうのは適当ではないようです。

このように、三世紀後半から四世紀の古墳の例から考えるかぎり、『魏志《ぎし》』倭人伝《わじんでん》にえがかれている卑弥呼《ひみこ》とその男弟《だんてい》の関係のような聖俗二重王制、あるいは聖俗二重首長制は、けっして例外的な特殊なものではなかったことが知られます。呪術的王ないし首長が聞く神の意志にしたがって、政治的王ないし首長が実際の政治を行ったのです。ただ一人の王ないし首長が、その両方の役割をかねる場合もけっして少なくなかったようです。むしろ一人の人物が王権や首長権をにぎる場合にも、その人物は必ず司祭者的権能をも保持していなければならなかったことが大切ではないかと思います。この時代の王や首長は、あくまでも神の意志を聞き、それにしたがって政治をおこなうのが大原則でした。まさに政治はマツリゴトにほかならなかったのです。

第三章　記・紀の王統譜は信じられるか

王墓の移動

前章でのべたように、三世紀中葉すぎから四世紀前半ころの、ヤマト政権の盟主、すなわち倭国王《わこくおう》の墓と考えられる巨大な前方後円墳は、すべて奈良盆地の東南部のやまとの地に営まれました。ところが四世紀のなかごろから後半になると、やまとの地では古墳の造営はつづきますが、それほど大規模なものはみられなくなり、日本列島全体のなかで隔絶した規模をもつような大型前方後円墳は、奈良盆地の北の奈良市佐紀《さき》古墳群やその周辺にあらわれます。

佐紀古墳群の西よりにある五社神《ごさし》古墳（現神功皇后陵《じんぐうこうごうりょう》、墳丘長二七六メートル）、佐紀石塚山《いしづかやま》古墳（現成務《せいむ》天皇陵、二二〇メートル）、佐紀陵山《みささぎやま》古墳（現日葉酸媛《ひばすひめ》皇后陵、二一〇

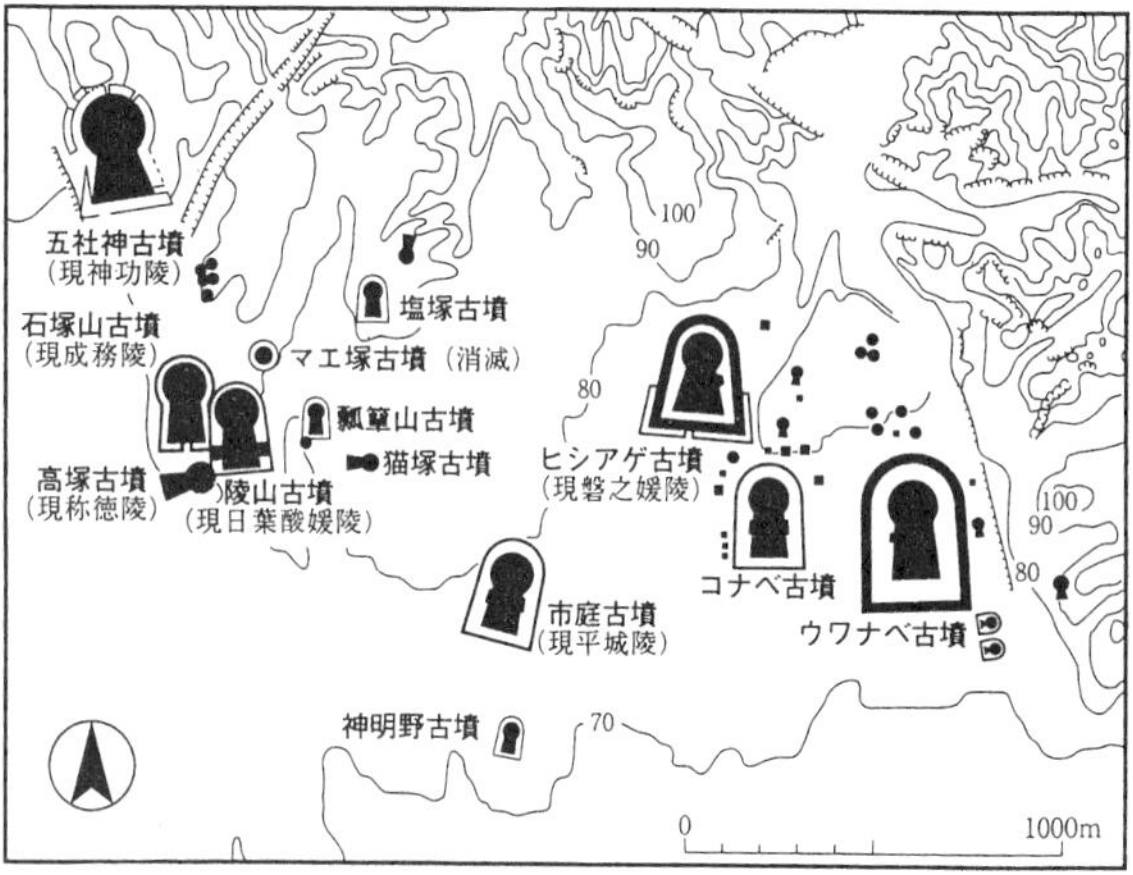

奈良市佐紀古墳群

メートル)、佐紀古墳群からややはなれた奈良市尼《あま》ヶ辻《つじ》にある宝来山《ほうらいさん》古墳(現垂《すい》仁《にん》天皇陵、約二三〇メートル)などがそれで、おそらく宝来山古墳→佐紀陵山古墳→佐紀石塚山古墳→五社神古墳の順に造営されたものと思われます。

これらのうち、最初の宝来山古墳の段階には、これだけの規模の古墳は日本列島の他のどの地域にもみられませんから、これがヤマト政権の盟主、すなわち倭国《わこく》王墓《おうぼ》であることは疑えないと思います。また四番目の五社神古墳はその隔絶した規模からも王墓であることを疑うことはできないでしょう。ただその間の佐紀陵山古墳、佐紀石塚山古墳の段階には、これにちかい墳丘規模をもつ大型前方後円墳が、奈良盆地西南部の葛城《かつらぎ》地方や、河内《かわち》南部の古市《ふるいち》古墳群などにも出現しますので、これを王墓とみるかどうかは意見の分かれるところです。したがってこの時期には、二代ないし四代の王墓が佐紀《さき》古墳群に営まれたと考えておくほかありません。

それでは、ヤマト政権の盟主、すなわち倭国王墓《わこくおうぼ》が、奈良盆地東南部のやまとの地から、奈良盆地の北の地へ移動するということはどのような意味をもつのでしょうか。一つの解釈は、ヤマト王権、すなわち大和《やまと》・河内の地域連合の中で、奈良盆地北部の曾布《そふ》(のちの添上郡《そえかみぐん》、添下郡《そえしもぐん》の地域)とよばれる地域の勢力が大きな力をもつようになり、ヤマト王権の、ひいてはヤマト政権の盟主権を掌握した結果にほかならないというものです。もう一つの解釈は、あくまでも奈良盆地東南部のやまとに基盤をおく勢力が、なんらかの理由で王墓だけを曾布の地に移したにすぎないとするものです。

第一の解釈は少し苦しいようです。それはこの佐紀古墳群が、前期のなかごろ、ないしさらにはやや段階から古墳の造営がはじまっていて、しだいにヤマト王権のなかで重要な位置を占めるようになってきていたのであればともかく、この古墳群では、いきなり巨大な前方後円墳の宝来山《ほうらいさん》古墳から造営がはじまるからです。またひろく奈良盆地北

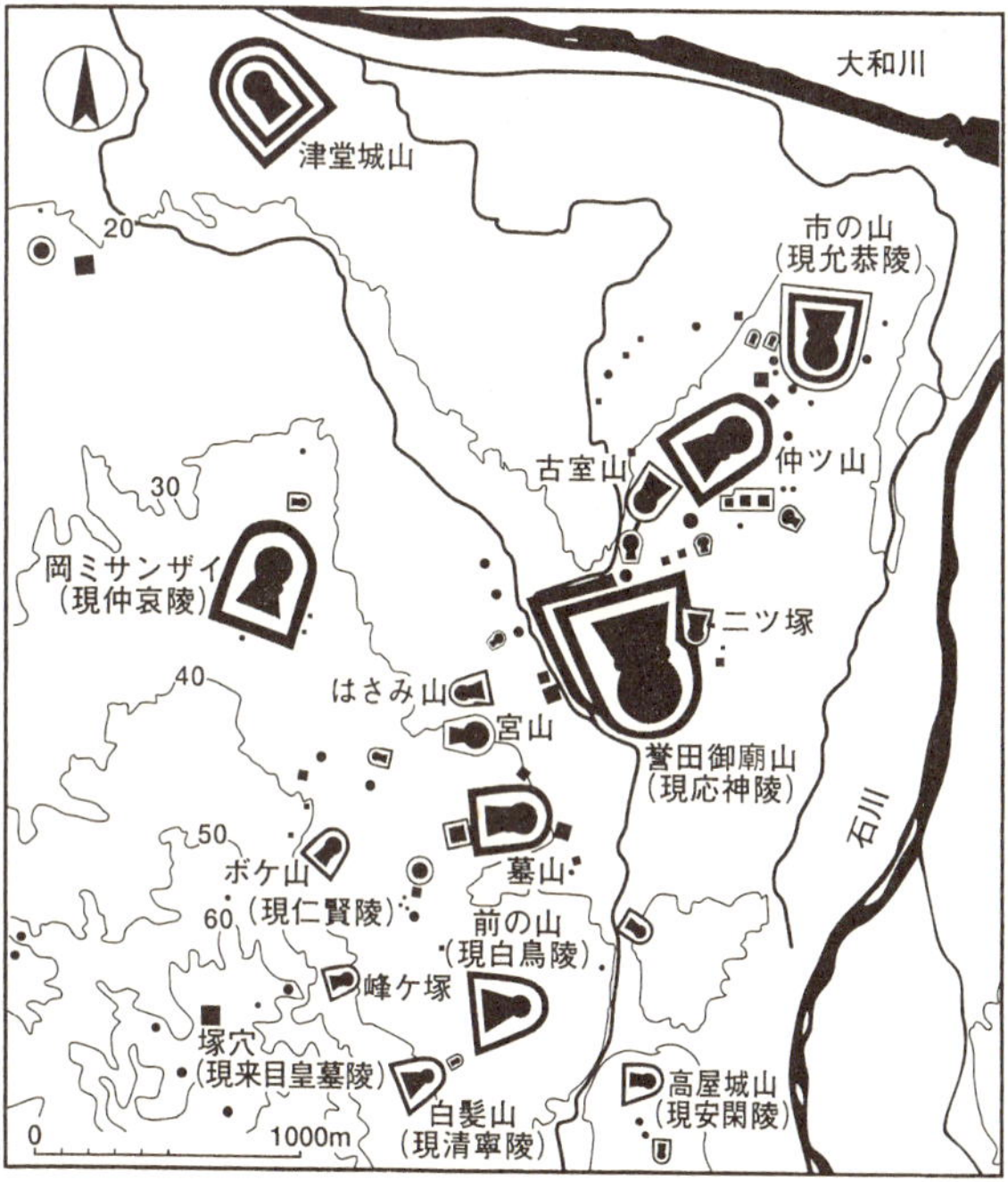

大阪府羽曳野市・藤井寺市の古市古墳群

部をみわたしても、四世紀なかごろにこの地の勢力が台頭してきたことを示すような大型古墳は見いだすことができません。

したがって第二の解釈をとるほかないように思われるのですが、なかなか多くの人を納得させるだけの適切な理由がみあたらないのです。このあと、四世紀の末ころになると、ヤマト政権の盟主墓と想定される巨大な前方後円墳は、奈良盆地をはなれて大阪平野に営まれるようになります。この問題は、この王墓の大阪平野への移動の問題と合わせて考えることにしたいと思います。

古墳時代中期の、四世紀の末葉から五世紀になっても、佐紀《さき》古墳群では、ウワナベ古墳（墳丘長二六五メートル）をはじめ、二〇〇メートルをこえるような大型前方後円墳の造営はつづきます。ただし、この時期になるとさらに大規模な前方後円墳が、大阪平野の羽曳野《はびきの》市から藤井寺《ふじいでら》市にかけての古市《ふるいち》古墳群や、堺《さかい》市の百舌鳥《もず》古墳群に出現します。したがってヤマト政権の盟主墓、すなわち倭《わ》国王墓《こくおうぼ》が大阪平野に移っていることは疑いありません。

このあたりの説明は煩雑《はんざつ》になるので、近畿《きんき》中央部、すなわち畿内の大型古墳の造営年代を地域ごとに整理した一二二〜一二三頁の図をごらんください。四世紀末から五世紀代には隔絶した規模をもつ古墳が、すべて古市古墳群と百舌鳥古墳群に集中していることがおわかりいただけるでしょう。ただし厳密には、これら四世紀末から五世紀代の前方後円墳のうち、どれがヤマト政権の盟主、すなわち倭国王《わこくおう》の墓にあたるのかを判断するのはなかなかむつかしい問題です。

たとえば、大阪平野に造営された最初の倭国王墓はどの古墳であるかがよく問題になります。多くの研究者は、古市古墳群の津堂城山《つどうしろやま》古墳（墳丘長二〇八メートル）をあげますが、この時期にはこれよりわずかに大きな前方後円墳として、佐紀陵山《みささぎやま》古墳や佐紀石塚山《いしづかやま》古墳が佐紀古墳群にあり、さらに奈良盆地西南部の葛城《かつらぎ》地域の馬見《うまみ》古墳群や、その周辺にも広陵町《こうりょうちょう》巣《す》山《やま》古墳、大和高田《やまとたかだ》市築山《つきやま》古墳、川西《かわにし》町島《しま》の山《やま》古墳など、二〇〇メートル級の大型前方後円墳があって、それらの墳丘規模は伯仲《はくちゅう》しています。むしろこの時期は、佐紀古墳群の王墓に匹敵する規模の古墳が、なぜか畿内各地に営まれていると考えるのが適当ではないかと思います。ただし、佐紀陵山古墳、佐紀石塚山古墳の後には、五社神古墳という巨大古墳が佐紀古墳群に出現します。

これらの点から考えると、大阪平野の古墳で確実に王墓といえる最初のものは、古市古墳群の仲《なか》ツ山《やま》古墳（現仲津《なかつ》媛《ひめ》皇后陵、墳丘長二八六メートル）ということになります。

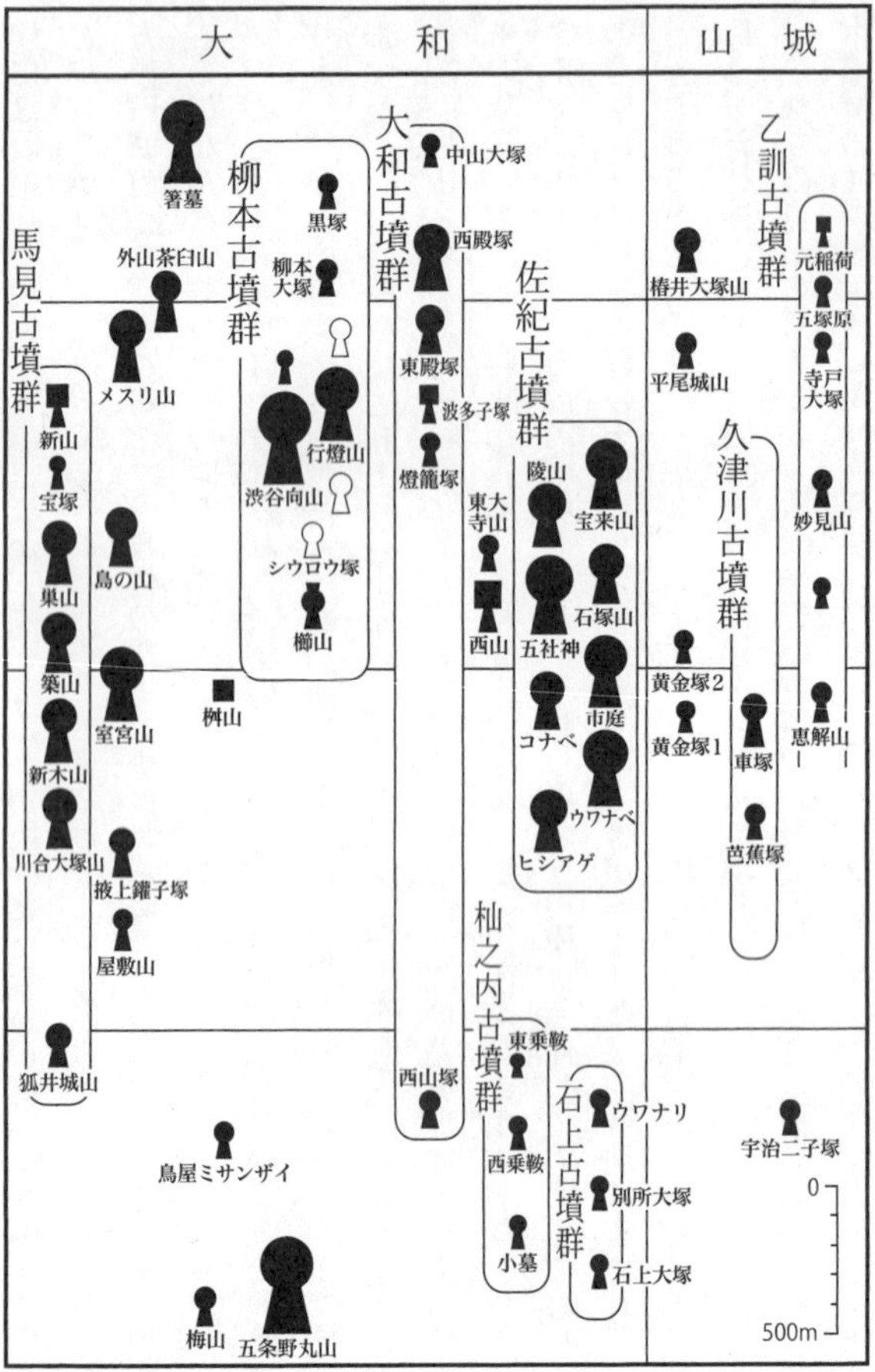
大和
山城
箸墓
外山茶臼山
メスリ山
馬見古墳群
新山
宝塚
巣山
築山
新木山
川合大塚山
狐井城山
島の山
室宮山
掖上鑵子塚
屋敷山
柳本古墳群
黒塚
柳本大塚
行燈山
渋谷向山
シウロウ塚
櫛山
桝山
大和古墳群
中山大塚
西殿塚
東殿塚
波多子塚
燈籠塚
西山塚
東大寺山
西山
佐紀古墳群
陵山
宝来山
石塚山
五社神
市庭
コナベ
ウワナベ
ヒシアゲ
杣之内古墳群
東乗鞍
西乗鞍
小墓
石上古墳群
ウワナリ
別所大塚
石上大塚
鳥屋ミサンザイ
梅山
五条野丸山
椿井大塚山
平尾城山
黄金塚2
黄金塚1
久津川古墳群
車塚
芭蕉塚
乙訓古墳群
元稲荷
五塚原
寺戸大塚
妙見山
恵解山
宇治二子塚
0
500m

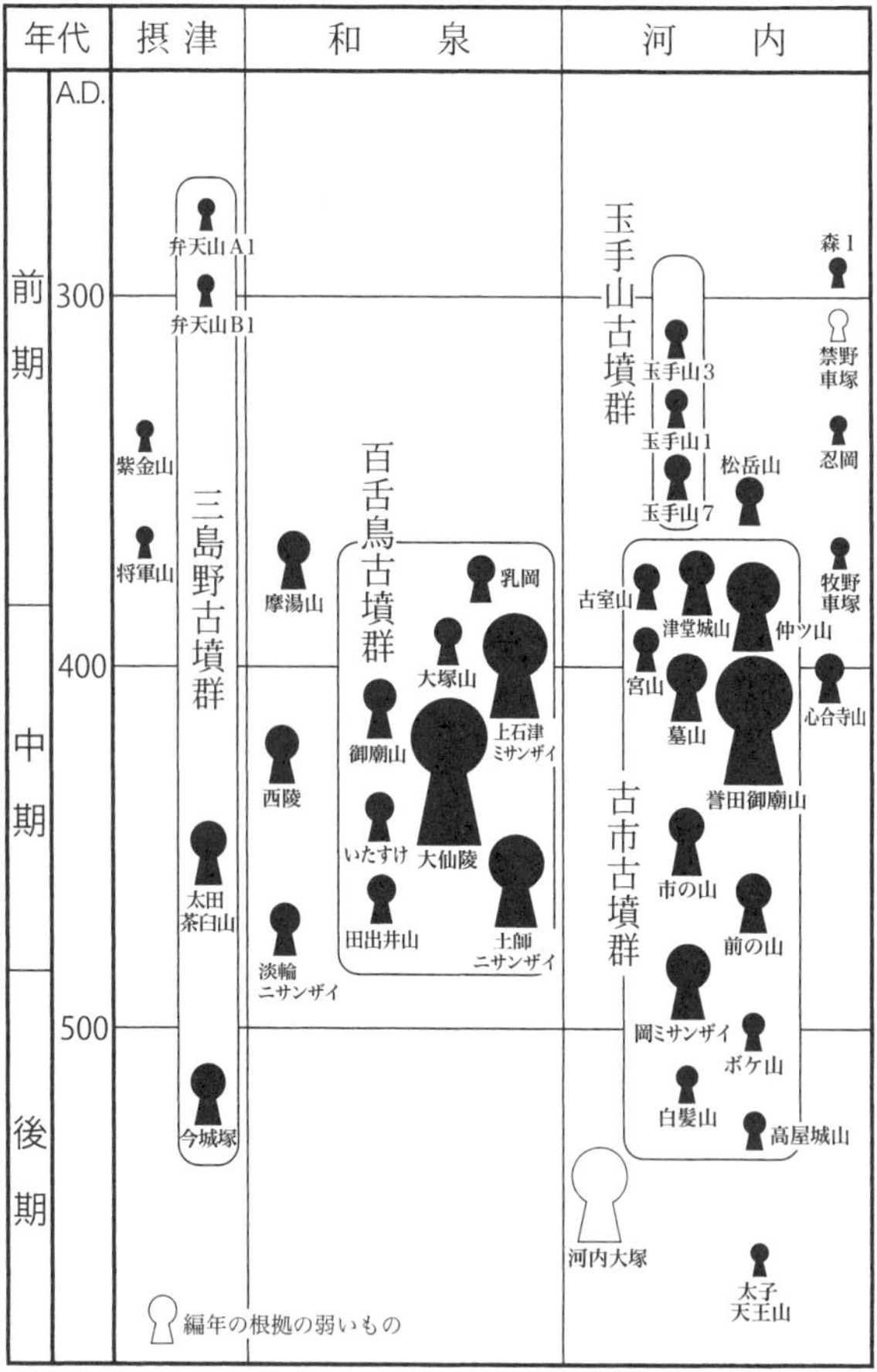

近畿中央部における大型古墳の編年

これについで五世紀になると、まず百舌鳥《もず》古墳群に、上石津《かみいしづ》ミサンザイ古墳（現履中《りちゅう》天皇陵、三六五メートル）、ついで古市《ふるいち》の誉田御廟山《こんだごびょうやま》古墳（現応神《おうじん》天皇陵、約四二〇メートル）、ついで百舌鳥の大仙陵《だいせんりょう》古墳（現仁徳《にんとく》天皇陵、四八二メートル）が順次営まれたと思われます。

ただそれ以降については、どれを王墓と考えるかが研究者によって異なり、百舌鳥古墳群の土師《はぜ》ニサンザイ古墳（二八八メートル）、古市の岡《おか》ミサンザイ古墳（現仲哀《ちゅうあい》天皇陵、二三八メートル）などが王墓であることは確実でしょうが、他は墳丘規模の差だけではなんともいえなくなります。

このように、四世紀末ころから五世紀代には、ヤマト政権の盟主墓は、大阪平野の古市古墳群と百舌鳥古墳群に営まれ、少なくとも四世紀末から五世紀の中葉以前の段階では、古市古墳群と百舌鳥古墳群とで、交互に王墓が造営されたようです。問題はこうした王墓が、奈良盆地の佐紀《さき》古墳群から、大阪平野の古市・百舌鳥両古墳群へ移動することの意味をどう考えるかでしょう。これについても、さきの佐紀古墳群への王墓の移動の場合と同様に、奈良盆地を基盤とする勢力が、たんに王墓の位置を大阪平野に移したにすぎないと考える研究者と、新しく台頭した大阪平野の勢力が、奈良盆地の勢力にかわって王権を掌握した結果にほかならないとする研究者がいます。

私は、奈良盆地に基盤をおく勢力が、恣意的《しいてき》に墳墓の地を大阪平野に求めたなどとは考えられないと思っています。それは、何よりも古墳というものが、その政治勢力の本拠地に造られるのが原則であったと考えるからです。そう考えなければ、古墳を資料とする地域史研究は成り立たなくなります。この時期にも、奈良盆地の南部のヤマト王権の本拠地には、多くの中小古墳が造営されていて、この地を本拠とする王権の同族的基盤や、初期官僚層の成長を物語っていると主張される研究者がおられます。ただこの時期に中小古墳が数多く営まれるのは、奈良盆地南部でも西よりの葛城《かつらぎ》の地であって、ヤマト王権の本来の基盤であったやまとの地では、この時期の古墳の造営はそれほど顕著ではありません。

こうしたことから私は、大阪平野への王墓の移動はとりもなおさず、大阪平野を基盤とする勢力が、ヤマト政権の盟主権を掌握した結果にほかならないと考えています。古市古墳群から石川をへだてたすぐ東方には、柏原《かしわら》市玉手山《たまてやま》古墳群や、同市松岳山《まつおかやま》古墳群があって、玉手山古墳群には前期の中葉から後半には墳丘長一〇〇メートル級の前方後円墳が三代にわたり、その終わりころには一五〇メートルの松岳山古墳が造営されてい

古市古墳群（右上の大古墳が誉田御廟山古墳）
（撮影・梅原章一）

ます。このことは、四世紀でも中葉から後半になると、南河内《みなみかわち》の勢力が近畿《きんき》中央部の政治勢力のなかでも重要な位置を占めるようになってきていたことを物語っています。さらに古市《ふるいち》古墳群内には津堂城山《つどうしろやま》古墳が、百舌鳥《もず》古墳群内には乳《ち》の岡《おか》古墳（墳丘長約一五〇メートル）が、ともに王墓の造営に先立って営まれており、それぞれの政治勢力の成長を示しているのではないでしょうか。

さきにみたように、四世紀後半の段階には、佐紀《さき》古墳群の王墓とも想定される佐紀陵《みささぎ》山《やま》古墳や佐紀石塚山《いしづかやま》古墳などに伯仲する規模の大型古墳が、葛城《かつらぎ》地域やここ古市にも出現し、奈良盆地の王の力が一時的に衰退していたことを示すものかもしれません。こうした段階をへて、四世紀末葉に古市古墳群に王墓が出現するのです。

すでにのべたように、私はヤマト王権の本来の基盤は、大和《やまと》川水系の大和、河内《かわち》であったと考えています。この王墓の移動も、大和・河内の政治連合内での盟主権の移動にほかならなかったと思われます。

いまひとつ興味深いことは、この五世紀の王権を掌握したのが、一つの政治勢力ではなく、古市古墳群をのこした勢力と、百舌鳥古墳群をのこした勢力の二つの政治勢力であったと考えられることです。この時期は、中国南朝の『宋書《そうじょ》』にみられる倭《わ》の五王《ごおう》の時代でもあり、『日本書紀』の記載とともに、すでにこの段階には王位の男系世襲制が成立しているようにも読みとれますが、実態は、大阪平野南部の二つの政治勢力が交互に王位につくといったあり方が想定されるのです。

なお百舌鳥《もず》古墳群の土師《はぜ》ニサンザイ古墳が五世紀中葉から後半の、古市《ふるいち》古墳群の岡《おか》ミサンザイ古墳が五世紀末葉ころの王墓であることは疑いないと思われますが、それ以後六世紀の前半に継体王《けいたいおう》の墓と想定される、大阪府高槻《たかつき》市今城塚《いましろづか》古墳が造営されるまでの状況はよくわかりません。この時期の王墓が古市古墳群にも営まれていたことは疑いないでしょうが、記・紀などの史料によると、顕宗《けんそう》の墓と武烈《ぶれつ》の墓が葛城《かつらぎ》の地に、継体の墓が摂津《せっつ》の三島野《みしまの》に、宣化《せんか》の墓が大伴《おおとも》氏の本拠地である大和《やまと》の身狭《むさ》の地に、さらに欽明《きんめい》の墓が蘇我《そが》氏の本拠地である大和の檜隈《ひのくま》に営まれたことになっています。

この段階になると王墓は古市や百舌鳥からはなれて、それぞれの王をささえた有力豪族の本拠地に営まれることが多くなったようです。文献史学の研究成果によると、五世紀後半の雄略《ゆうりゃく》のころから、王権がいちじるしく伸張したことが指摘されています。ただその墓の造営地をみると、王家はその在地性を失い、どこが王家の本貫《ほんがん》の地であるかが、しだいに不明確になっていったものと想定できます。

盟主権移動の背景

四世紀末葉の王墓の奈良盆地から大阪平野への移動は、ヤマト政権の盟主権が奈良盆地の勢力から、大阪平野南部の勢力に移った結果であろうと、私は考えています。この盟主権の移動はまた、畿内《きない》南部の大和《やまと》川水系を基盤として形成されていたヤマト王権、すなわち大和・河内《かわち》連合の内部での盟主権の交替にほかならなかったと思われます。それではこうした連合の盟主権の移動はどうして起こったのでしょうか。第一・二章でのべたように、邪馬台国《やまたいこく》連合からヤマト政権につづく広域の政治連合は、鉄資源や先進的文物の安定的入手を求めた各地の首長達の、共通の思わくにもとづいて形成されたものと考えられます。したがって、こうした先進的文物の入手と分配が円滑に行われているかぎり、この政治連合は安泰であったと考えられます。

ところが四世紀の後半になると、この鉄資源などの円滑な確保に大きな問題が生じます。それは朝鮮半島で北の高句麗《こうくり》が南下し、南の百済《くだら》、新羅《しらぎ》や加耶《かや》諸国が、まさに国家存亡の危機を迎えるという、東アジアの国際情勢の大きな変化によるものです。朝鮮半島の南の諸国のうち新羅《しらぎ》は高句麗《こうくり》に近づき、これに降る政策をとります。それに対して百済《くだら》は、それまで鉄の交易などで倭国《わこく》と交渉のあった加耶《かや》諸国の一国卓淳《とくじゅん》国（南海岸の慶尚南道《けいしょうなんどう》昌原《チャンウォン》付近にあった国）を介して倭国を味方に引き入れ、高句麗と戦う政策をとります。

一方また、鉄資源を全面的に加耶に依存している倭国も、朝鮮半島の情勢には大きな関心があり、さらに高句麗の南下が止まらなければ、倭国への侵攻も予想されたものと思われます。こうして倭国は百済や加耶諸国の誘いによって高句麗との戦いに参加することになります。倭国の軍隊が海をわたって直接高句麗軍と戦ったことは、現在中国の吉林《きつりん》省集安《チーアン》市にある好太王碑《こうたいおうひ》（好太王は四世紀後半から五世紀はじめの高句麗王で広開土王《こうかいどおう》とも呼ばれる。この碑はその墓の側に建てられたもので、その功績を記している）にも明確に書かれています。

この高句麗の南下にともなう朝鮮半島の戦乱は、倭国をもこの東アジア世界の大きな動乱に巻きこんだことになります。こうした国際情勢の大きな変化に対処するのに、それまでの宗教的・呪術的《じゅじゅつてき》権威に頼る面の大きかったやまとの王権では、大きな限界があったと思われます。これに対し、ヤマト王権のなかでも実際の外交や交易を担当してい

奈良県馬見古墳群（左下が巣山古墳）
（撮影・梅原章一）

たと思われる大阪湾岸の河内《かわち》の勢力が、大和《やまと》・河内連合の中で大きな発言権をもつようになったであろうことは当然予想されます。こうした東アジア情勢の大きな変化が、ヤマト王権の内部で盟主権の移動をうながしたのではないか、というのが私の考えです。

なおこのヤマト王権の、ひいてはヤマト政権の盟主権の移動を王朝交替ととらえる研究者もおられますが、これを王朝の交替ととらえるのは適当とは思えません。何よりもこの時期の政治体制は各地の諸政治勢力の政治連合であったのであり、そもそも連合体制では、盟主権は移動しうるものにほかならないからです。またこの盟主権の移動によって、この政治連合の政治体制や、政治秩序それ自体にそれほど大きな変化が生じたとは考えられないからです。すでにのべたように、それはヤマト王権、すなわち大和・河内連合の中での盟主権の交替にすぎなかったのです。

さらに興味深いことは、王墓が大阪平野の古市《ふるいち》古墳群や百舌鳥《もず》古墳群に移動したあとも、それまで王墓が営まれていた奈良盆地北部の佐紀《さき》古墳群では、引きつづいて大型の前方後円墳の造営がつづいていることです。五世紀前半という時期では、王墓のある古市・百舌鳥両古墳群についで大規模な古墳が造営されていたのは、この佐紀古墳群と奈良盆地西南部の葛城《かつらぎ》地域の馬見《うまみ》古墳群やその南部の地域にほかなりません。これは、五世紀になっても、かつてヤマト王権の盟主権をにぎっていた佐紀に古墳を営んでいた勢力が、引きつづきヤマト王権のなかで重要な位置を占めていたことを物語っています。

文献史学の立場から、この河内勢力の王権掌握の問題を検討された井上光貞《いのうえみつさだ》さんは、河内に基盤をおく最初の王である応神《おうじん》について、それが本来、入り婿《いむこ》の形でやまとの王家につながっていたことを指摘しておられます。記・紀に伝えられる系譜では、応神は景行《けいこう》の曾孫《ひまご》となっていますが、景行と応神の間をつなぐのはヤマトタケル、仲哀《ちゅうあい》(タラシナカツヒコ)、神功《じんぐう》皇后(オキナガタラシヒメ)など、いずれも七世紀的な名前を持つ人物、すなわち七世紀ころに造作された人物であり、本来の系図では、応神が入り婿の形で景行につながっていたものと復元されるのです(『日本国家の起源』岩波新書、一九六〇年)。

この井上説は、大阪平野の勢力が王権を掌握した際の王権の継承のあり方を考える上で、きわめて示唆に富む指摘だと思います。おそらく新しく王権をにぎった河内の首長は、それ以前の大和の王家と婚姻関係を結び、入り婿の形をとることによってはじめて、その王権継承の正統性について、大和・河内の首長層、さらに日本列島各地の首長層の承認を受けることができたのではないでしょうか。佐紀古墳群の五世紀の大型前方後円墳は、こうした大阪平野の王墓に葬られた河内の王の大和出身の妃《きさき》と、その父の墓であろうと思われます。なおまだこの時期には王妃のために古墳を造営することはなく、妃は里の父の墓に埋葬されるのが一般的であったのではないかと想定しています。

記・紀の信頼度がます六世紀の継体《けいたい》大王——のちにのべるように、五世紀後半のワカタケル大王（雄略《ゆうりやく》）以降、倭国王《わこくおう》は大王とよばれるようになったようです——についても、それ以前の応神《おうじん》にはじまる王統とは断絶していることが指摘されています。この場合も継体とまえの王統を受けつぐ仁賢《にんけん》の娘である手白香皇女《たしらかのこうじょ》との婚姻によってはじめて、継体の王位継承が各地の首長層に承認されたものと考えられます。『古事記』が「小長《をはつ》谷若雀命《せのわかさざきのみこと》（武烈《ぶれつ》）（中略）既に崩《かむさ》りまして、日続《ひつぎ》知《しら》しめす可《べ》き王ましまさず。故《かれ》、品《ほん》太《だ》天皇（応神）の五世の孫、袁本杼命《をほどのみこと》（継体）を近淡海国《ちかつあふみのくに》より上《のぼ》り坐《ま》さしめて、手白髪《たしらかの》命《みこと》に合せまつりて天下を授け奉りき」と書くように、王権の側の意識からすれば、継体はあくまでも入《い》り婿《むこ》にすぎなかったのでしょう。

　このことからも想定されるように、大阪平野の勢力への王権の移動に際しても、それ以前の大和《やまと》の王家と婚姻関係を結ぶことが不可欠の条件であったものと思われます。こうした王権の継承に際して婚姻関係が果たした重要な役割を考えると、さきに保留した王墓の奈良盆地東南部のやまとから、盆地北部の佐紀《さき》古墳群への移動についても、その理由の一端が見えてくるのではないでしょうか。

私は、やまとの王たちと盆地北部の曾布《そふ》の勢力との婚姻関係が、王墓を曾布の地へ移させることになったのではないかと考えています。当時、王の子どもはその母の里で育てられたわけですから、王の子どもが即位するようになると、当然王の宮が母の里に移動することになり、ひいてはその墓も母の里の地に営まれることになったのではないでしょうか。

佐紀古墳群では、二〜四代にわたって王墓がこの古墳群に営まれたようです。これは一、二代ごとに王墓が他の古墳群に移動していた四世紀前半までとは大きな違いです。このことは当然、王権の男系世襲制の成立と関係するものであり、それが次代の王を産んだ妃の本貫《ほんがん》の地への王墓の移動をうながしたのではないでしょうか。やまとから曾布への王墓の移動については、さらに多方面からの検討が必要であろうと思いますが、この場合は、とくに王権それ自体がやまとの勢力から曾布の勢力に移ったとまで考える必要はないものと思っています。

古代の王墓と天皇陵

『古事記』と『日本書紀』には、古代の天皇陵に関する記載があり、これと『延喜式《えんぎしき》』にある陵墓に関する史料とが、古代の天皇陵を考証する際の基本史料となっています。井上光貞《いのうえみつさだ》さんは、記・紀の編纂《へんさん》の際の一つの基本史料となった、天皇の続柄、名前、宮の所在、后妃と皇子・皇女、没年と年齢、陵の所在などを記した『帝紀』について、海外史料や金石文《きんせきぶん》などとの比較検討の結果から、少なくとも応神《おうじん》天皇以降の部分については信憑性《しんぴょうせい》が高いことを明らかにされています（「帝紀からみた葛城氏」『日本古代国家の研究』岩波書店、一九六五年）。記・紀の陵墓に関する記載は、この『帝紀』によっていることが明らかであり、その意味から比較的史料的価値は高いものと考えられています。

仁徳《にんとく》とその子の履中《りちゅう》・反正《はんぜい》三代の陵（本来は即位した天皇の墓をいう）は、記・紀によると百舌鳥《もず》ないし百舌鳥《もず》耳原《みみはら》というところにあったことになっています。また『延喜式』は仁徳陵を百舌鳥耳原中陵《なかのみささぎ》、履中陵を百舌鳥耳原南陵《みなみのみささぎ》、反正陵《はんぜいりょう》を百舌鳥耳原北陵《きたのみささぎ》と伝えています。図は百舌鳥古墳群の古墳分布図ですが、現在宮内庁は、中央のもっとも大規模な大仙陵《だいせんりょう》古墳を仁徳陵に、その南の上石津《かみいしづ》ミサンザイ古墳を履中陵に、

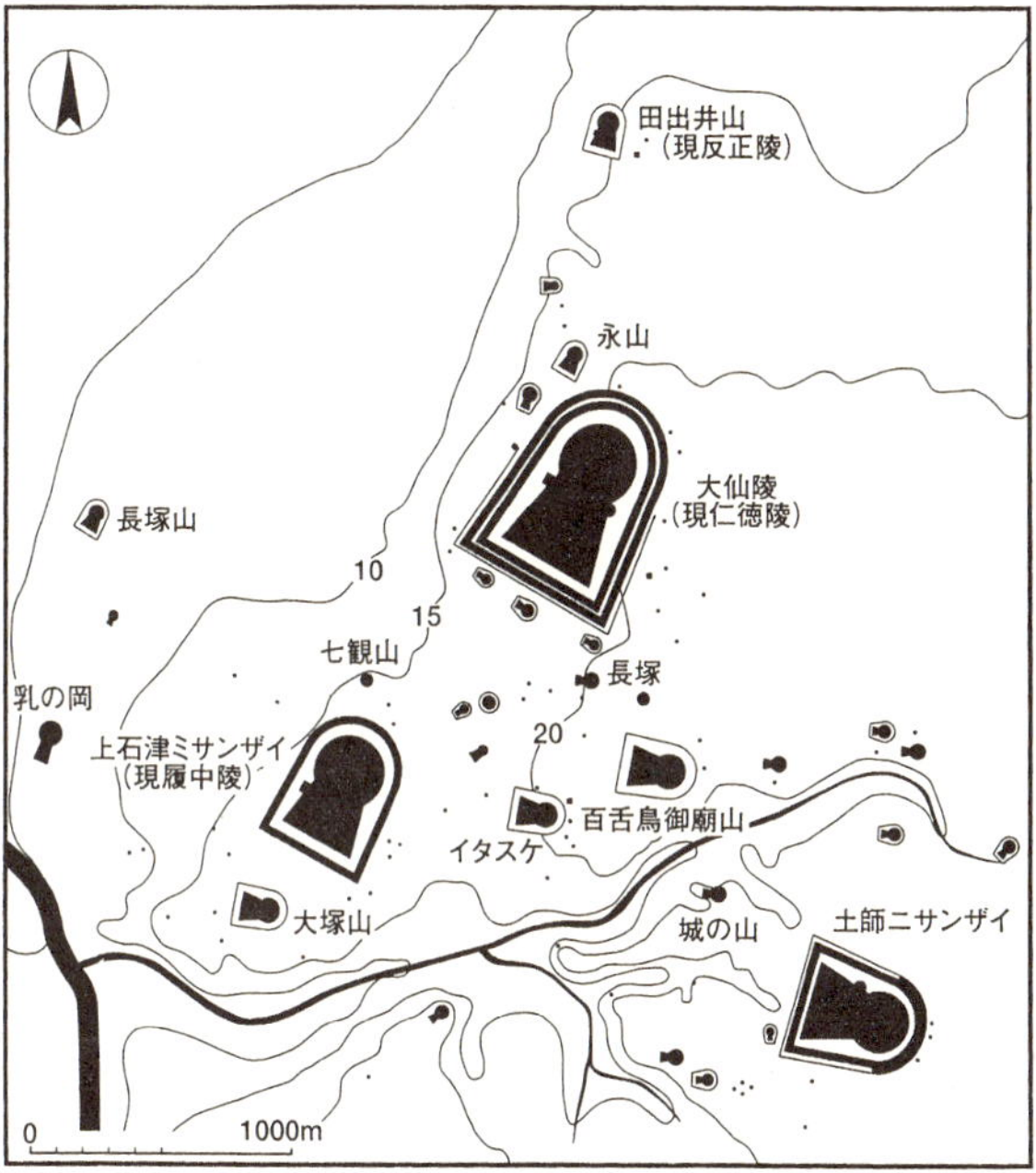

大阪府堺市百舌鳥古墳群

大仙陵《だいせんりょう》古墳の北のあまり大きくない前方後円墳である田出井山《たでいやま》古墳（墳丘長一四八メートル）を反正陵《はんぜいりょう》に指定しています。

この分布図からも明らかなように、百舌鳥《もず》古墳群には、誰がみても王墓と考えられるような巨大な前方後円墳として、大仙陵、上石津《かみいしづ》ミサンザイ、土師《はぜ》ニサンザイ古墳の三基があります。このうち土師ニサンザイ古墳をはずして、王墓とは考えがたい小さな田出井山古墳を選んだのは、仁徳《にんとく》・履中《りちゅう》・反正の三天皇陵が、中・南・北にならぶという『延喜式《えんぎしき》』の史料によった結果であることは明らかです。

ところで、最近では古墳に立てならべられている円筒埴輪《はにわ》の編年研究がすすみ、これら内部の調査のできない陵墓指定の古墳についても、その造営年代の想定が可能になってきています（川西宏幸「円筒埴輪総論」『古墳時代政治史序説』塙書房、一九八八年）。それにしたがうと、上石津ミサンザイ古墳では第Ⅲ期の円筒埴輪が、大仙陵古墳と土師ニサンザイでは第Ⅳ期の円筒埴輪が用いられていることが明らかにされており、同じ第Ⅳ期でも大仙陵古墳のものが土師ニサンザイ古墳のものより古いと考えられています。つまりこの百舌鳥古墳群の三大前方後円墳は、上石津ミサンザイ→大仙陵→土師ニサンザイの順に造営されたことが知られているのです。

この円筒埴輪の編年研究の成果と、この地に仁徳とその子の履中・反正の三代の陵が営まれたとする記・紀の記載を総合すると、最初に営まれた上石津ミサンザイを履中陵とし、それにつぐ時期の大仙陵を仁徳陵に比定する現在の指定は明らかにまちがっていることになります。また墳丘長一四八メートルの田出井山古墳を王陵と考えるのは無理なことも明らかです。これは『延喜式』の史料にもとづいて比定した結果生じたあやまりにほかなりません。

『延喜式』にはほかにも、「狭《さ》城《き》盾列池後陵《たてなみいけじりのみささぎ》（成務陵《せいむりょう》）」と「狭城盾列池上陵《いけのうえのみささぎ》（神《じん》功皇后陵《ぐうこうごうりょう》）」、あるいは「恵《え》我《が》長野西陵《ながのにしのみささぎ》（仲哀陵《ちゅうあいりょう》）」と「恵我長野北陵（允恭陵《いんぎょうりょう》）」というように、近接する陵の相対的な位置関係を明示した陵名がみられます。これは、持《じ》統《とう》五年（六九二）に陵墓守護《りょうぼしゅご》の詔《みことのり》がだされ、天皇家の祖先の陵墓を国家として祀《まつ》ることが定められますが、その際に現地にあたって比定が行われた際のものであろうと私は考えています。したがって、こうした『延喜式』による陵墓の考定作業は、持統朝の比定作業を考証しているにすぎないことになります。

仁徳・履中・反正の陵が、百舌鳥ないし百舌鳥耳原にあるとする記・紀の記載は、百舌鳥古墳群に、王墓と考えられる巨大古墳が三基あるという考古学的事実と一致しています。そこで最近の考古学による円筒埴輪《はにわ》の編年研究の成果にしたがって、上石津ミサンザイを仁徳陵《にんとくりょう》に、大仙陵《だいせん》を履中陵《りちゅう》に、土師《はぜ》ニサンザイ古墳を反正陵《はんぜい》に比定すればどうでしょうか。現在の考古学的な年代観では、上石津《かみいしづ》ミサンザイは五世紀初頭ころ、大仙陵古墳は五世紀前半、土師ニサンザイ古墳は五世紀中葉ころと考えられますから、少なくとも仁徳・履中の想定される在位年代ともほぼみごとに整合します。

このように最近の考古学的な円筒埴輪の編年研究の成果をもとに、百舌鳥《もず》古墳群の王陵の比定をやりなおすと、記・紀の記載と考古学資料としての古墳のあり方がみごとに一致します。それではこの再比定は正しいのでしょうか。たしかに百舌鳥古墳群の中だけで考えていると、これでたしかなように思えます。しかしさきにのべたように、四世紀末から五世紀前半の大阪平野の王墓級の巨大前方後円墳は、仲ツ山《なかやま》→上石津ミサンザイ→誉田御廟山《こんだごびょうやま》→大仙陵古墳と編年することが可能であり、古市《ふるいち》→百舌鳥→古市→百舌鳥というように、両古墳群の間で交互に王墓が営まれている可能性が大きいこともまた、考古学的な研究の成果として認めざるをえないのです。仁徳・履中・反正の三代の王墓がつづけて百舌鳥古墳群に営まれたとするさきの想定は成り立たないことになります。

したがって、『帝紀』にもとづいていて信憑性《しんぴょうせい》が高いと考えられる、五世紀前半ころの記・紀の陵墓に関する記載と、考古学的な巨大前方後円墳の編年研究の成果を総合して、この時期の王陵を比定する作業は、残念ながらうまくいかないという結論に到達します。現在のところ、ここでのべた考古学的な巨大古墳の編年研究の成果に大きなあやまりがあるとは考えられませんから、これと整合的な解釈ができないということは、五世紀に関する記・紀の帝紀的な部分の記載にも、史料的に問題があると考えざるをえないということになります。

ただし、これはこの時期の王陵に関する記・紀の記載が、すべて信用できないということでは決してないと思います。百舌鳥に五世紀の三人の王の陵があるという点は、考古学的事実とみごとに一致します。さらに崇神《すじん》以降の王陵に関する記・紀の記載を巨視的にみると、それが山辺《やまのべ》の道付近《みち》、すなわち奈良盆地の東南部から北部の佐紀《さき》の地に移り、さらに河内《かわち》の古市や百舌鳥へ移ったということになっています。これはすでにのべた四世紀中葉以降の王墓級の巨大古墳の造営地の移動とみごとに一致しています。『帝紀』の原史料が六世紀にはできあがっていたとしても、たしかな伝承がなければ、四世紀から五世紀にかけての王墓造営地の移動をこのようにほぼ正しく記載することなど不可能です。これは応神《おうじん》以前の王とその墓についても、なんらかのたしかな伝承が存在したことを示すものにほかなりません。

したがって、記・紀の王墓に関する伝承と、考古学が明らかにした四〜五世紀の王墓に関する事実とを比較すると、巨視的には、記・紀の記載は王墓の造営地の移動を比較的正しく伝えているということになるでしょう。ただし五世紀前半の仁徳《にんとく》と、その子三代の王墓がつづいて百舌鳥《もず》に営まれたとする記載は、王墓造営の実態とはくいちがっていると考えざるをえません。なんらかの事情で、王の系譜、あるいはその陵に関する記載に、修正の手がくわわっているものと考えるほかないのではないでしょうか。

ヤマト王権と地域政権

これまで、日本列島各地の政治勢力の連合体である、ヤマト政権の中枢を構成するヤマト王権の実態を古墳のあり方からみてきましたが、次に、この近畿《きんき》の政治勢力と連合関係を結んでいた、他の地域の政治勢力との関係をみてみることにしましょう。

近畿以外の地域で最大の墳丘規模をもつ古墳は、岡山市の造山《つくりやま》古墳です。出土する円筒埴輪《はにわ》が第Ⅲ段階のものであることなどから、中期前半の、五世紀初頭前後に造営され

岡山市造山古墳（撮影・梅原章一）

た古墳と考えられます。この古墳は墳丘の長さだけでも三六〇メートルもある巨大な前方後円墳で、日本列島の古墳をその墳丘規模の順にならべると、第四位に位置づけられるものです。

この造山古墳より大規模なものとしては、第一位の大仙陵《だいせんりょう》古墳（現仁徳天皇陵）、第二位の誉田《こんだ》御廟山《ごびょうやま》古墳（現応神《おうじん》天皇陵）、第三位の上石津《かみいしづ》ミサンザイ古墳（現履中《りちゅう》天皇陵）があります。このうち大仙陵古墳と誉田御廟山古墳は、すでに前章でお話ししたように第Ⅳ期の円筒埴輪をともない、上石津ミサンザイ古墳は第Ⅲ期の円筒埴輪をもっています。したがって第Ⅲ期の円筒埴輪が用いられた五世紀の初頭前後には、まだ大仙陵古墳や誉田御廟山古墳は存在しませんから、この時点では、造山古墳は上石津ミサンザイ古墳につぐ、日本列島で二番目に大きな前方後円墳ということになります。

さらにその墳丘規模を比べると、上石津ミサンザイ古墳が長さ三六五メートルであるのに対し、造山古墳は三六〇メートルですから、その差はわずか一、二パーセントにすぎません。次頁の図は、造山古墳と上石津ミサンザイ古墳の墳丘測量図を、同一の縮尺で比較したものです。この図からも、このほぼ同時期の二大前方後円墳は、ほぼ同じ大きさで、きわめてよく似た形態に造られていたことがおわかりいただけるでしょう。上石津ミサンザイ古墳が、五世紀初頭前後のヤマト政権の盟主、すなわち倭国王墓《わこくおうぼ》であることは確実でしょうから、この時期の吉備《きび》の大首長墓は、近畿《きんき》の王墓とほぼ同形同大に造られていたということになります。

もちろん、近畿の王墓である上石津ミサンザイ古墳は、墳丘のまわりに水をたたえた濠《ほり》をめぐらしていますが、造山古墳にはそうした濠は認められません。古墳の周囲の施設のあり方などに顕著な差異があることはたしかですが、それにしてもこの時期の吉備の大首長墓の墳丘が、近畿の倭国王墓とほぼ同大に造られていることはきわめて重要なことだと思われます。その関係は、近畿の王に服属する吉備の大首長というよりは、ま

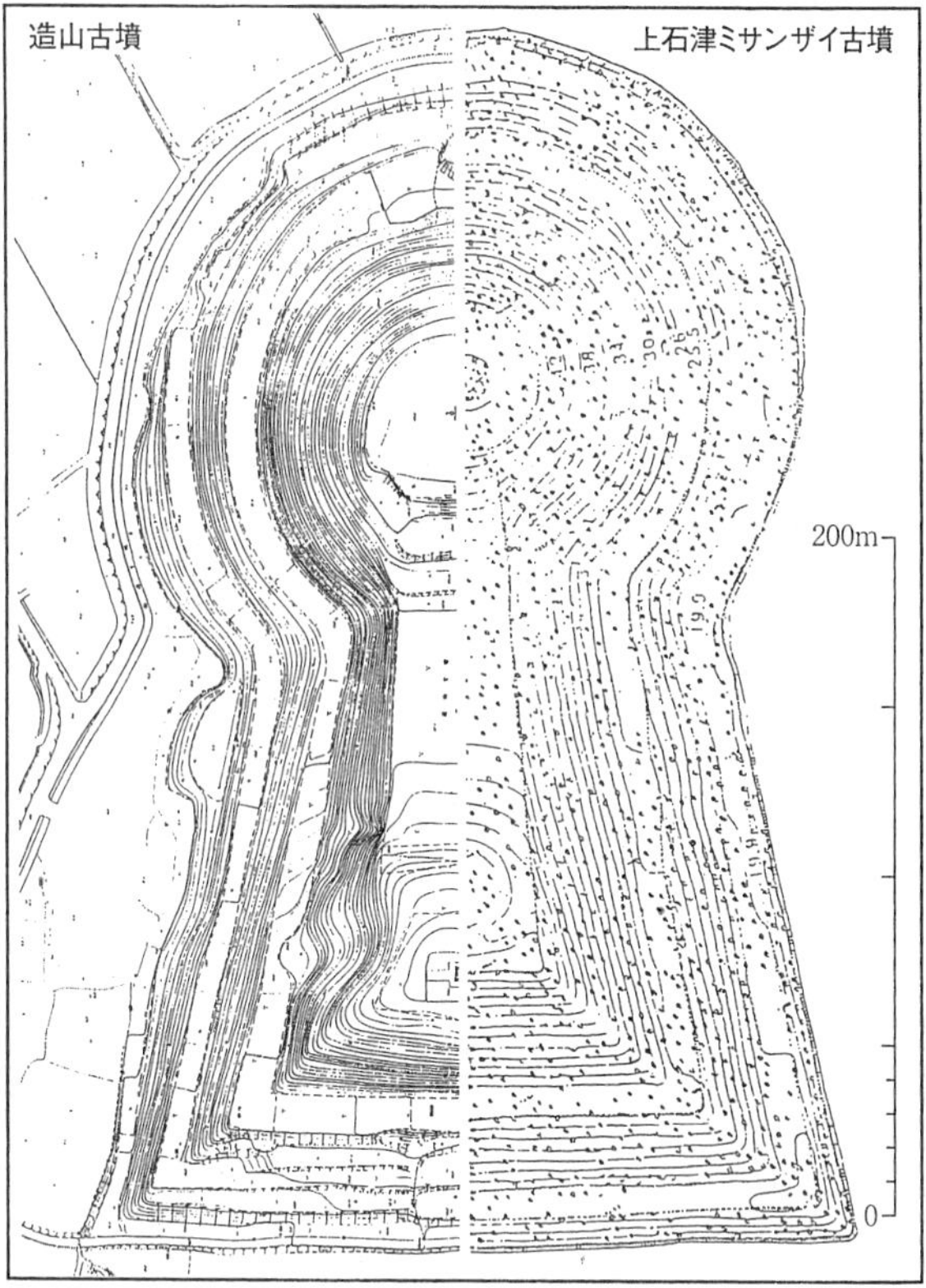

造山古墳と上石津ミサンザイ古墳の墳丘の比較

群馬県伊勢崎市お富士山古墳の長持形石棺

さに近畿《きんき》の倭《わ》国王《こくおう》と吉備《きび》の大首長の関係は同盟関係にあった、と表現するのが適切な関係であったことを示しています。

吉備地方で造山《つくりやま》古墳が造営されていたころ、東日本の群馬県でも太田市太田《おおた》天《てん》神山《じんやま》古墳という、墳丘長二一〇メートルの巨大な前方後円墳が営まれていました。この古墳は日本列島のすべての古墳の中では、第二六位ということになっていますが、これはあくまでも、三世紀中葉すぎから七世紀までの間に造営されたすべての古墳のなかでの順位であって、第Ⅲ期の円筒埴輪《はにわ》をもつ、五世紀初頭前後の同一世代の王や首長たちの古墳にかぎれば、上石津《かみいしづ》ミサンザイ、造山、奈良市市《いち》庭《にわ》古墳（墳丘長二五〇メートル）奈良県御所《ごせ》市室宮山《むろみややま》古墳（二四〇メートル）、大阪府羽曳《はびき》野《の》市墓山《はかやま》古墳（二二四メートル）につぐ、第六位くらいにランクされる巨大な古墳であったことは疑いありません。

この太田天神山古墳には、五世紀ころの近畿《きんき》の王墓などの大型前方後円墳に用いられているものとよく似た、大きな長持形石棺《ながもちがたせっかん》が用いられていました。現在、その石材の一部がのこっているにすぎません。しかし江戸時代の記録などから、底石の長さが縄掛《なわか》け突起《とっき》をもふくめると、三・三メートルにもおよぶことが知られ、近畿の大型前方後円墳の長持形石棺のなかでも、最大級のものに匹敵する大きなものであったようです。残念ながら太田天神山古墳の長持形石棺の全体像は不明です。ただ太田市の西の伊勢崎《いせさき》市にある、太田天神山とほぼ同時期の前方後円墳であるお富士山《ふじやま》古墳（墳丘長一二〇メートル）には、棺身部がほぼ完全にのこる長持形石棺があって、ありし日の太田天神山古墳の長持形石棺を彷彿《ほうふつ》とさせてくれます。

このお富士山古墳の石棺は、その形態や石材の加工法、たとえば縄掛け突起の作り出し方など、近畿の長持形石棺とまったく同じで、その製作には近畿で王墓などの長持形石棺の製作にあたっていた工人があたったものとしか考えられません。近畿の長持形石棺はすべて、兵庫県高砂市《たかさご》の竜山《たつやま》の流紋岩質凝灰岩《りゅうもんがんしつぎょうかいがん》でつくられています。もちろん太田天神山《てんじんやま》古墳やお富士山《ふじやま》古墳の石棺は群馬の石でつくられていますが、それが近畿《きんき》で王や有力首長の石棺をつくっていた石工の手になるものであることは疑いないでしょう。

群馬県域は、かつて上毛野《かみつけぬ》（上野《こうずけ》）とよばれていました。おそらくこの上毛野の大首長の死にさいして、近畿の王や有力首長層の石棺を作っていた工人が東国に派遣され、太田《おおた》天神山古墳の被葬者のための長持形石棺《ながもちがたせっかん》をつくったのでしょう。お富士山古墳の石棺も、おそらくこの時につくられたものと思われます。このこともまた、この時点では、近畿の王と東国の上毛野の大首長とは、同盟と表現するのが適当な関係にあったことを示すものにほかならないと思います。

造山《つくりやま》古墳や太田天神山古墳よりは一世代ほどあとの時代になりますが、中国南朝の宋の歴史を書いた『宋書《そうじょ》』によりますと、四三八年、倭王珍《わおうちん》（反正天皇《はんぜい》説が有力）は、宋に使者を送ります。この時、珍は安東《あんとう》大将軍号を求めて安東将軍号をあたえられ、また倭隋《わずい》ら一三人に、平西《へいせい》、征虜《せいりょ》、冠軍《かんぐん》、輔国《ほこく》将軍号を賜《たまわ》るよう求め、これを許されています。この時、珍が将軍号を求めた倭隋ら一三人というのは、ヤマト政権という首長連合の身分秩序の体系から考えると、当然大型の前方後円墳に葬られることになる、近畿をはじめとする各地の有力首長層であったことは疑いないでしょう。したがってその中には当然、吉備《きび》や上毛野の大首長もふくまれていたものと思われます。

このように、五世紀の初頭から前半の段階では、ヤマト政権の盟主である王と、各地の政治連合の大首長の関係は、基本的には同盟関係にあったものと考えることができます。そのことを示すもっとも顕著な例が、近畿の倭国王《わこくおう》と吉備の大首長墓がほぼ同形同大につくられていることでしょう。

古墳の出現期の三世紀中葉すぎから後半の段階では、連合の盟主であるヤマトの王墓である箸墓《はしはか》古墳（墳丘長二八〇メートル）に対して、連合にくわわった各地の地域連合のなかでもっとも有力であった吉備の首長墓である浦間茶臼山《うらまちゃうすやま》古墳（一四〇メートル）の墳丘規模が、ちょうど二分の一であったのに対し、五世紀はじめの段階では、それが同じ大きさになっていることが注目されます。

これは、さきにもふれた高句麗《こうくり》の南下という東アジアの国際情勢の変化にともなう、朝鮮半島での戦争遂行のためには、吉備や上毛野など有力な政治勢力の協力が不可欠であったためでしょう。こうした特殊な事情があったにせよ、造山古墳や太田天神山古墳のあり方は、この時期の倭国王と、その配下の各地の地域的政治勢力との関係が、支配

―被支配といった関係ではなく、同盟ないし連合と表現せざるをえない関係であったことを示すものとして重要だと思います。

こうした造山《つくりやま》古墳の被葬者や、太田《おおた》天神山《てんじんやま》古墳の被葬者は、吉備《きび》や上毛野《かみつけぬ》の中の一政治勢力の首長であったわけではありません。それはまさに、吉備政権ともいうべき吉備の首長連合、あるいは上毛野政権ともよぶべき上毛野の首長連合の、盟主の地位にある人物であったと想定されます。

吉備地域では五世紀はじめころの造山古墳のあと、五世紀前半には岡山県総社《そうじゃ》市作山《つくりやま》古墳（墳丘長二八六メートル）が、五世紀中葉ころには、岡山県山陽町両宮山《りょうぐうさん》古墳（一九二メートル）などの巨大古墳が引きつづき造営されます。それらが造山古墳と同じように吉備政権の盟主の墓であることは、それらの古墳の規模からも疑いないでしょう。

きわめて興味深いことは、これらのうち造山古墳と作山古墳が、ともにのちの備中《びっちゅう》の地域に造営されているのに対し、両宮山古墳はのちの備前《びぜん》の地域に営まれていることです。これは、近畿《きんき》の王権の場合と同じように、吉備連合の盟主権は、この連合にくわわるいくつかの政治勢力の間を移動したことを物語るものにほかなりません。

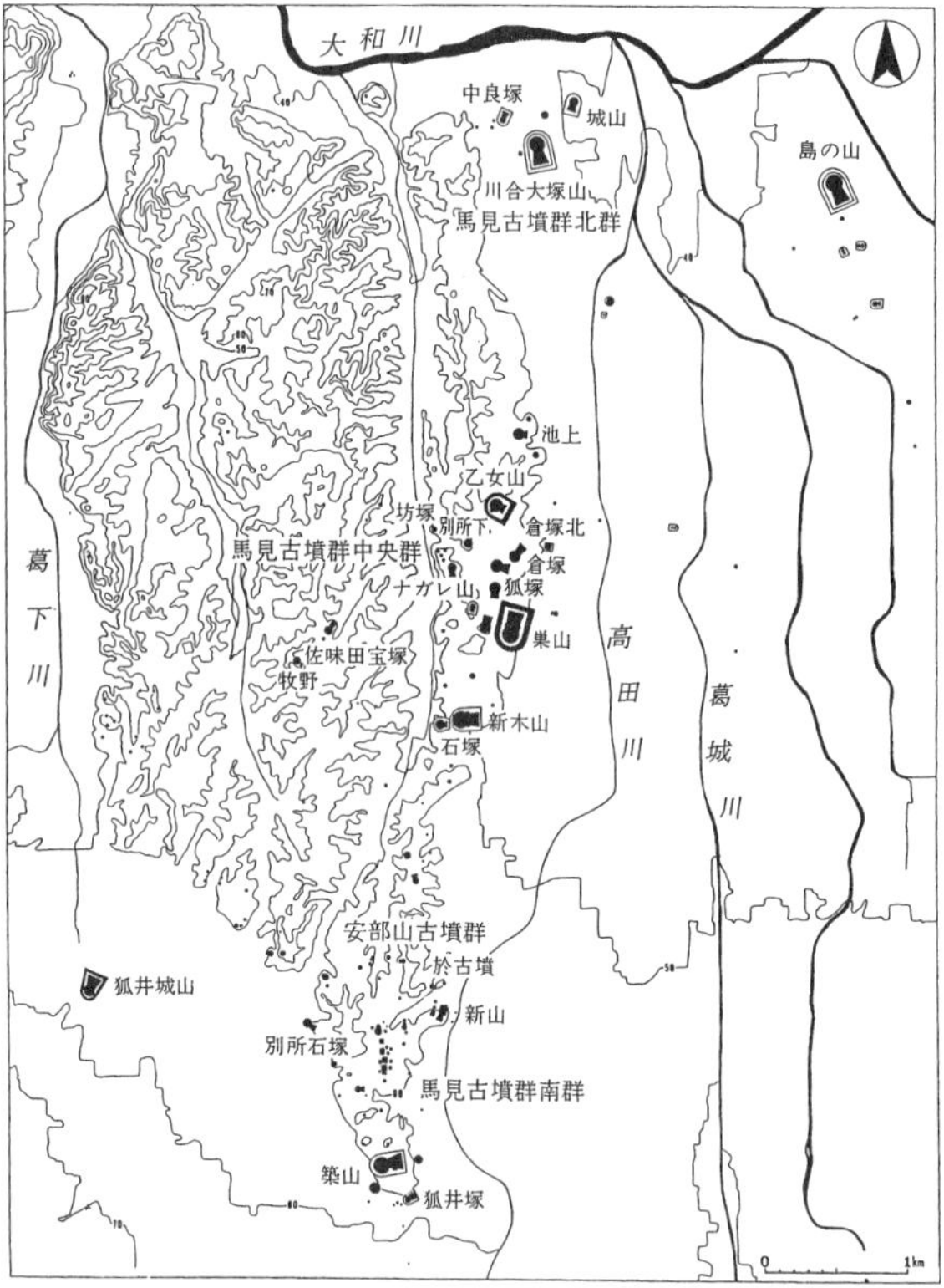

奈良県葛城北部の古墳群

上毛野《かみつけぬ》でも太田天神山《おおたてんじんやま》古墳をはじめとして、高崎市浅間山《せんげんやま》古墳（墳丘長一七三メートル）、太田《おおた》市宝泉茶臼山《ほうせんちゃうすやま》古墳（一六五メートル）、藤岡《ふじおか》市白石稲荷山《しろいしいなりやま》古墳（約一六五メートル）など、四世紀後半から五世紀前半には、一地域首長墓とは考えがたい大規模な前方後円墳が、上毛野の各地に交互に造営されることが知られています。それらが、上毛野の大首長墓であり、その地位には上毛野各地の政治勢力の首長が交替で就いたことが想定されるのです。

こうした地域政権の構造は、近畿《きんき》の内部でも認められます。奈良盆地西南部の葛城《かつらぎ》地域では、四世紀後半から五世紀中葉ころまでの間、墳丘長二〇〇メートル前後の大型前方後円墳が、葛城各地の古墳群に一、二基ずつ、それぞれ時期をことにして営まれます。川西町島《かわにしちょうしま》の山《やま》古墳（一九〇メートル）、広陵町巣山《こうりょうちょうすやま》古墳（二二〇メートル）、大和高田《やまとたかだ》市の築山《つきやま》古墳（二一〇メートル）、御所《ごせ》市室宮山《むろみややま》古墳（二四〇メートル）、広陵町新木山《にきやま》古墳（二〇〇メートル）、河合町川合大塚山《かわいちょうかわいおおつかやま》古墳（一九五メートル）など、六基の古墳が、おそらくこの順に葛城の各地に営まれます。

それらが葛城政権ともいうべき、葛城地域の政治集団の連合体の盟主の古墳であることは疑いなく、その地位が葛城各地の政治集団の間を移動していることが読みとれます。

文献史料には、葛城襲津《かつらぎのそつ》彦《ひこ》など葛城氏の族長の名前がみられますが、こうした文献にみられる葛城氏の実態は、こうした地域的な首長連合にほかならないと思われます。

このように、葛城地域のいくつかの地域的政治集団が、連合して葛城政権をつくり、また葛城政権のような近畿中央部の地域的な政治連合が、いくつか連合して畿内《きない》政権（ヤマト王権）を構成する。さらにこうした畿内政権や吉備《きび》政権、あるいは上毛野政権などが連合して連合政権としてのヤマト政権を構成する。こうした重層的な構造の政治連合が、ヤマト政権の実態であったと考えられるのです。

第四章　稲荷山鉄剣《いなりやまてつけん》と江田船山大刀《えたふなやまのたち》

稲荷山《いなりやま》古墳と稲荷山鉄剣

前章でのべたように、五世紀の前半から中葉すぎころまでの日本列島では、近畿《きんき》地方はもちろん、それ以外の地域でも、巨大な前方後円墳が数多く造られます。その被葬者はいずれもヤマト政権とよばれる首長連合、政治連合の構成メンバーであり、こうした首長連合の構造を可視的に表現しているものが、各地の大型古墳にほかなりません。

ところが、五世紀でも後半になると、こうした古墳のあり方に大きな変化が生じます。それは、近畿中央部以外の地域では大型古墳の造営が絶えてみられなくなり、ただ近畿中央部だけで大型古墳の造営がつづけられるようになることです。五世紀初頭から中葉すぎまで、あれだけ巨大な前方後円墳が造られた吉備《きび》地方でも、両宮山《りょうぐうさん》古墳を最後に、

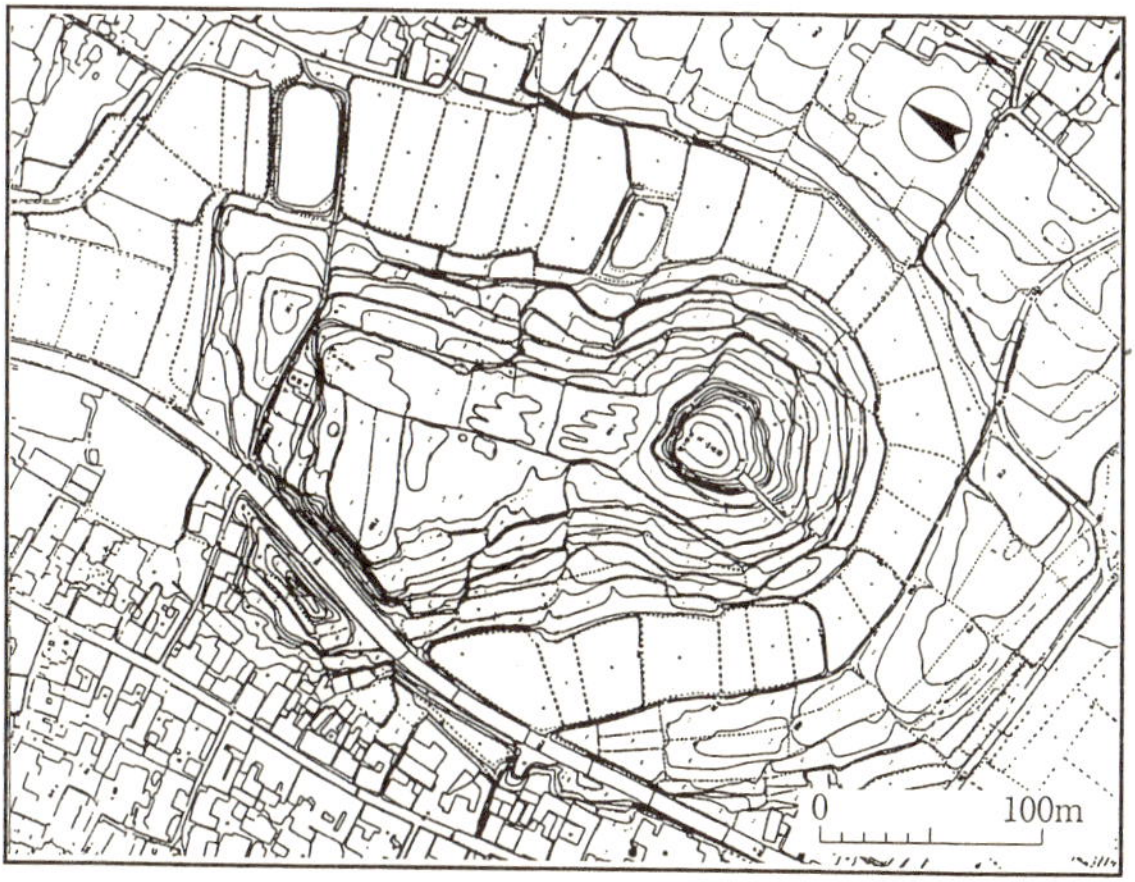

奈良県橿原市五条野丸山古墳

墳丘長一〇〇メートルをこえる前方後円墳の造営はほとんどみられなくなります。そして六世紀代に営まれた墳丘長一〇〇メートル級の古墳は、総社《そうじゃ》市のこうもり塚《づか》古墳（墳丘長約一〇〇メートル）ただ一基にすぎなくなります。これはまさに地域的首長連合としての吉備政権の崩壊ないし解体を示すものにほかなりません。こうした状況は、近畿をのぞく他の地域でも基本的には変わりありません。

こうしたなかでひとり近畿中央部では、五世紀後半になっても、古市《ふるいち》古墳群に岡《おか》ミサンザイ古墳（墳丘長二三八メートル）が、六世紀にも大阪府高槻《たかつき》市今城塚《いましろづか》古墳（一九〇メートル）、同松原市・羽曳野《はびきの》市河内大塚《かわちおおつか》古墳（三三五メートル）、奈良県橿原《かしはら》市五条野《ごじょうの》丸山《まるやま》古墳（三一八メートル）などが造られつづけます。

こうした大きな変化は、近畿《きんき》中央部のヤマト王権の、他の地域政権に対する支配権が増大し、各地の地域政権が解体してしまったことを物語るものにほかなりません。文献による古代史研究でも、五世紀後半の雄略朝《ゆうりゃくちょう》が大きな画期であり、この時期から王権がいちじるしく伸張したことが明らかにされていますが、まさにこうした古墳のあり方とも符合するのです。

この五世紀後半における連合政権それ自体の大きな変化の結果、ヤマト王権と地方の政治勢力との関係がどう変化したかを考えるうえで、きわめて重要な資料となるのが、五世紀後半に製作された、稲荷山鉄剣《いなりやまてっけん》と江田《えた》船山大刀《ふなやまのたち》という二つの銘文をもつ刀剣です。

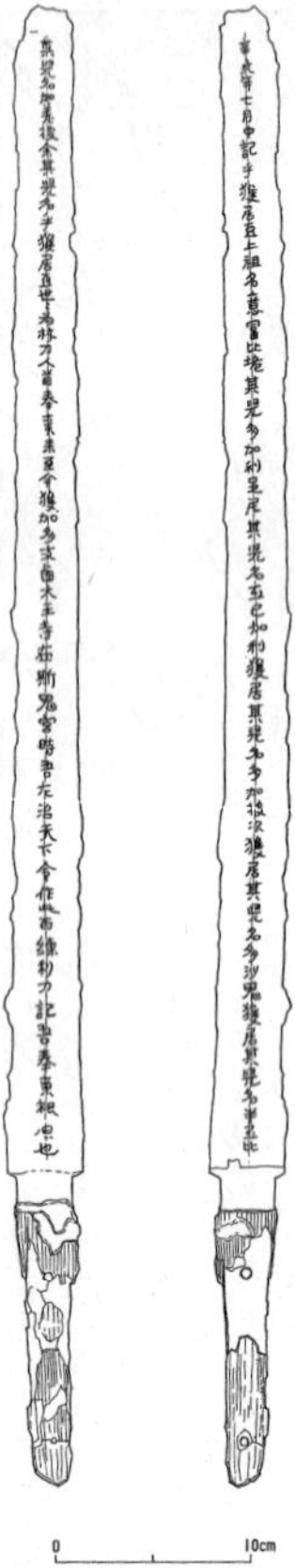

稲荷山鉄剣（右）と稲荷山鉄剣の銘文（左）（岸俊男・田中稔・狩野久氏による）

〔釈　文〕

（表）

辛亥年七月中記乎獲居臣上祖名意富比垝其児（名脱カ）多加利足尼其児名弖已加利獲居其児名多加披次獲居其児名多沙鬼獲居其児名半弖比

（裏）

其児名加差披余其児名乎獲居臣世々為杖刀人首奉事来至今獲加多支鹵大王寺在斯鬼宮時吾左治天下令作此百練利刀記吾奉事根原也

〔読み下し文〕

辛亥の年七月中、記す。ヲワケの臣。上祖、名はオホヒコ。其の児、（名は）タカリのスクネ。其の児、名はテヨカリワケ。其の児、名はタカヒ（ハ）シワケ。其の児、名はタサキワケ。其の児、名はハテヒ。

其の児、名はカサヒ（ハ）ヨ。其の児、名はヲワケの臣。世々、杖刀人の首と為り、奉事し来り今に至る。ワカタケ（キ）ル（ロ）の大王の寺、シキの宮に在る時、吾、天下を左治し、此の百練の利刀を作らしめ、吾が奉事の根原を記す也。

ここではこの有銘刀剣を材料に、この問題に考古学の立場から接近してみることにしましょう。

稲荷山鉄剣《いなりやまてっけん》は、埼玉県行田市《ぎょうだ》の埼玉《さきたま》稲荷山古墳から出土したもので、その表裏に一一五文字の銘文が金象眼《きんぞうがん》で書かれていました。この埼玉稲荷山古墳は、武蔵《むさし》（埼玉県と東京都）では最大の古墳群である埼玉古墳群で最初に（五世紀後半ころ）造営された稲荷山古墳（墳丘長一二〇メートル）の後円部に営まれた礫槨《れきかく》から、画文帯神獣鏡《がもんたいしんじゅうきょう》、玉類、金銅製帯金具《おびかなぐ》、他の刀剣、鉄鏃《てつぞく》、挂甲《けいこう》（小札《こざね》をとじあわせた甲）、馬具、農工具などとともに出土したものです。

その銘文は、辛亥《しんがい》年の七月にこの銘文が記されたことを示すとともに、この剣を作らせたヲワケの祖先であるオホヒコから、ヲワケにいたる八代の系譜を示し、さらにヲワケの一族が、代々杖刀人《じょうとうじん》の首《かしら》として大王にお仕えしてきたこと、ワカタケル大王がシキの宮におられた時、大王が天下をお治めになるのを自分がお助けしたこと、この練りに練ったすぐれた刀を作って、自らとその一族が大王に仕えてきた由来を記したというものです。

この剣が作られた辛亥年は、この銘文に名前が出てくるワカタケル大王が、記・紀にみられるワカタケル天皇、すなわち雄略《ゆうりやく》天皇にあたると考えられ、想定されるその在位年代と合致するところから四七一年と考えられています。

この銘文でまず注目されるのは、この剣を作らせたヲワケが杖刀人の首であったという点でしょう。杖刀人とは「刀を杖《つえ》つく人」の意味ですが、それは東国豪族の子弟《してい》を畿内《きない》に上番《じょうばん》させて、天皇の宮を警護させたのが舎人《とねり》の起源にほかならないとする古代史の井上光貞《いのうえみつさだ》さんの説（「大和国家の軍事的基礎」『日本古代史の諸問題』思索社、一九四九年）との関連から、刀を持って大王の宮を警護する、のちの舎人に相当する武人であろうと考えられます。杖刀人の首であるヲワケのつくらせた剣が、東国の有力豪族の古墳から出土したのですから、それはまさにこの井上説を実証する物的証拠にほかならないのです。

ところがここで問題になるのは、この剣を作らせたヲワケなる人物と、この剣を出した稲荷山古墳の礫槨の被葬者との関係です。この問題については、ヲワケをこの古墳の礫槨の被葬者その人であるとする井上光貞さんらのａ説と、ヲワケは杖刀人たちを中央でたばねた中央豪族であろうと考えるｂ説が対立しています。

ａ説は、なんといってもこの剣が武蔵の大豪族の古墳から出ていることが強みです。

一方b説は、ヲワケが「天下を治めるのを左《たす》けた」とあることや、ヲワケの祖先であるオホヒコと同じ名の大彦命《おおひこのみこと》を共通の祖先とする『日本書紀』の大彦系譜につながる阿部氏の支配する、丈部《はせつかべ》の現地管理者である丈部直《はせつかべのあたい》を名のる豪族が北武蔵《むさし》に多く、国《くにの》造《みやつこ》や郡司《ぐんじ》に任じられていることなどから、ヲワケを大彦系譜につながる阿部氏のような中央豪族と考えるものです。この説はやはり文献による古代史の岸俊男《きしとしお》さんらが主張されました（「古代刀剣の銘文と文様」『遺跡・遺物と古代史学』吉川弘文館、一九八〇年、「稲荷山鉄剣と丈部」『日本古代文物の研究』塙書房、一九八八年）。

この問題を解くカギが、稲荷山《いなりやま》古墳における稲荷山鉄剣のあり方、すなわちその考古学的な検討にあることは明らかでしょう。私は、この鉄剣を出した礫槨《れきかく》が営まれた年代が、この古墳の造営年代より二〇年ほどおくれるものと考えています。すなわちこの古墳の造営年代は、この古墳のくびれ部付近から多量に出土している須恵器《すえき》から、五世紀の第4四半期ころであると想定されるのに対し、この礫槨から出土している馬具の鈴杏《すずきよう》葉《よう》は、それより一段階新しい須恵器の時期のものだからです。

この古墳では、後円部の墳頂部からこの礫槨ともう一基、盗掘されていましたが粘土槨がみつかっています。重要なことは、この礫槨も粘土槨も、ともに後円部の墳頂平坦《ふんちょうへいたん》部《ぶ》の周縁部に営まれていることです。墳頂部の中心部にはトレンチ（試掘坑《しくっこう》）は掘られていますが、礫槨と粘土槨がきわめて浅い部分からみつかったためか、あまり深く掘られていません。これだけの大規模な前方後円墳の中心的な埋葬施設は、墳頂部から二、三メートルの深さのところに営まれるのが普通ですから、この古墳の墓主の埋葬施設は、まだもう少し深いところに眠っている可能性が大きいのではないかと想定しています。

このような稲荷山古墳の埋葬施設の相互の関係から、稲荷山鉄剣を出した礫槨は、この古墳の中心的な被葬者、すなわち墓主の埋葬後二〇年ほどあとになって追葬された人物の埋葬施設にほかならないものと想定されます。ということは、この礫槨の被葬者は、稲荷山古墳の墓主の子弟、すなわちあとを継《つ》がなかった子どもか、墓主の兄弟の可能性が大きいということになります。稲荷山鉄剣が武蔵の大豪族の族長であるこの古墳の墓主の持ち物であればともかく、その古墳に追葬された子弟の持ちものであることは、やはりa説にとっては不利な材料といわなければならないでしょう。

この点から私は、この剣を作らせたヲワケは、たとえば阿部氏のような中央の軍事的な大豪族の族長で、この剣を、この中央豪族がその氏《うじ》の職掌《しょくしょう》である軍事を遂行するのに大きな力になってくれている武蔵の大豪族、ないしその子弟にあたえたものと考えています。武蔵の豪族の族長ではなくその子弟にあたえたのは、彼が軍事的に大きな功績をあげたためかもしれません。

また、特定の職掌関係で結びついている中央豪族と地方豪族の間には、自分たちはともに同じ祖先をもつという、同祖・同族意識が形成されていた可能性が大きく、ヲワケの祖先系譜は、この東国豪族にとっても大切なものであったのかもしれません。いずれにしても、この稲荷山鉄剣《いなりやまてっけん》の銘文の解釈には、この剣の銘文とよく似た銘文をもつ江田《えた》船山大刀《ふなやまのたち》の銘文ともあわせて検討するのが有効でしょう（白石太一郎「有銘刀剣の考古学的検討」国立歴史民俗博物館編『新しい資料学を求めて』吉川弘文館、一九九七年）。

江田船山古墳と江田船山大刀

江田船山大刀は、熊本県菊水町《きくすいちょう》江田船山古墳から出土したもので、鉄刀の棟《むね》（刃の反対側）の部分に、七五文字の銘文が銀で象眼《ぞうがん》されています。この古墳は、有明海《ありあけかい》に注ぐ菊池《きくち》川《がわ》の河口の玉名《たまな》市から少しさかのぼったところに位置する、清原《せいばる》古墳群にある墳丘長六二メートルの前方後円墳です。その後円部にはくびれ部に開口する横口式の石棺《せっかん》

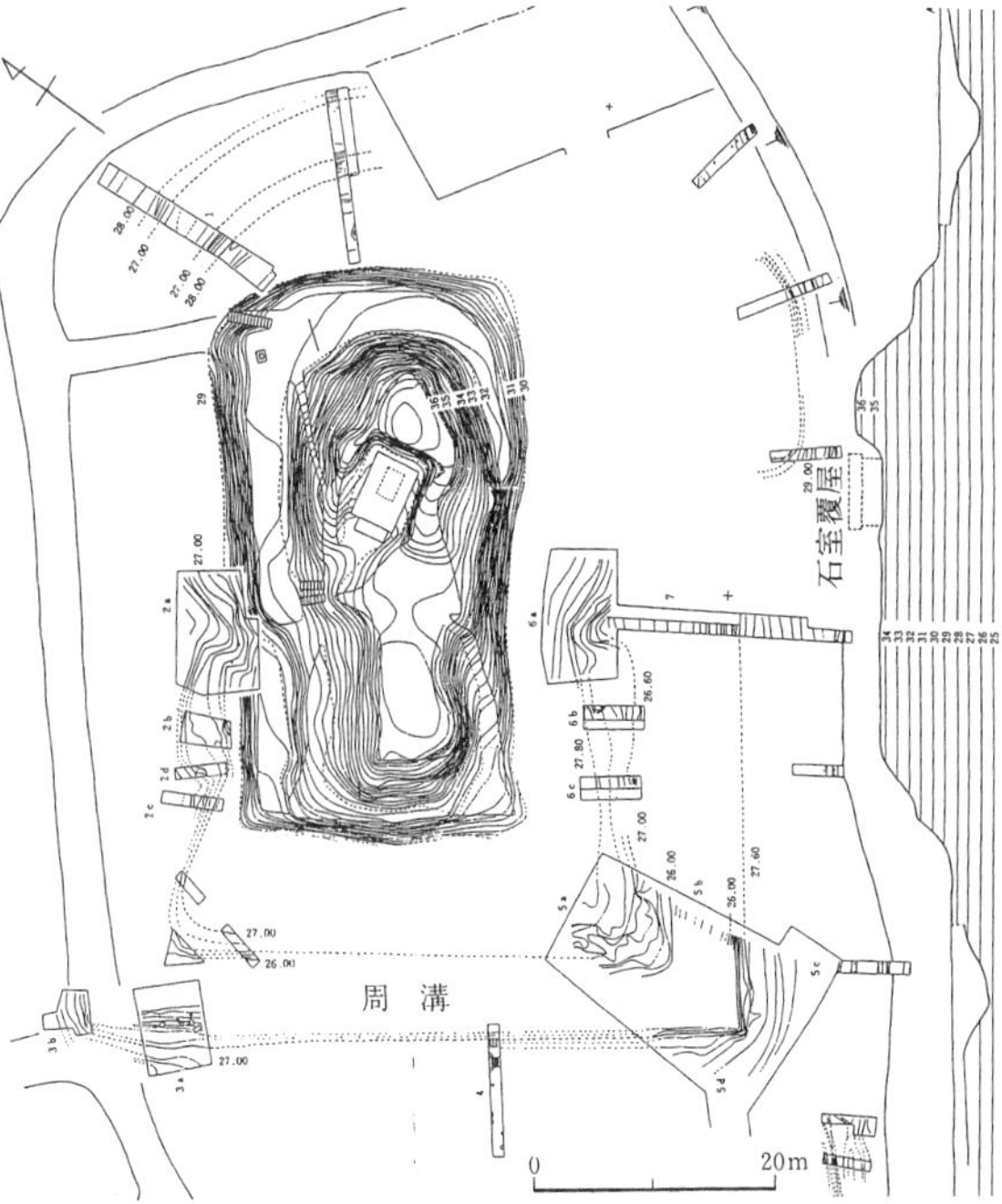

熊本県菊水町江田船山古墳

式《しき》石室があり、その内部から銅鏡六面、玉類、舶載品《はくさいひん》をふくむ冠《かんむり》・冠帽《かんぼう》・耳飾《みみかざり》・帯金《おびかな》具《ぐ》・飾履《しょくり》などの金銅製装身具、竜文鉄地金銅張鏡板付轡《りゅうもんてつじこんどうばりかがみいたつきくつわ》をともなう馬具、衝角付冑《しょうかくつきかぶと》・横矧板鋲留短甲《よこはぎいたびょうどめたんこう》・横矧板革綴《かわとじ》短甲をふくむ武器・武具類、さらに百済《くだら》からもたらされた陶質土器など、豪華で多彩な副葬品が出土しています。また墳丘の周溝《しゅうこう》からは、葬送祭《そうそうさい》祀《し》に用いられた須恵器《すえき》なども発見されています。

大刀《たち》の銘文は、次頁に示すとおりです。このうち「治天下獲□□□鹵大王世」の大王名は稲荷山鉄剣《いなりやまてつけん》銘の大王名と同じで、ワカタケル大王、すなわち雄略《ゆうりゃく》天皇のことにほかなりません。

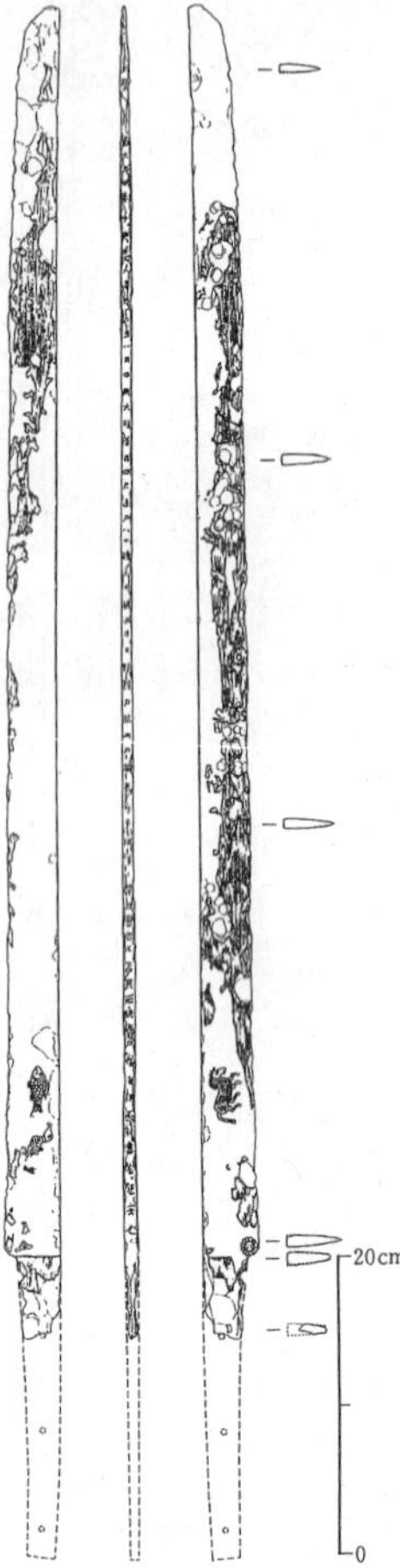

江田船山大刀（右）と江田船山大刀の銘文（東野治之氏による）

〔釈　文〕

台(治)天下獲□□□鹵大王世、奉事典曹人名无□(利カ)弖、八月中、用大鉄釜、并四尺廷刀、八十練、□(九カ)十振、三寸上好□(刊カ)刀、服此刀者、長寿、子孫洋々、得□恩也、不失其所統、作刀者名伊太□(和カ)、書者張安也

〔読み下し文〕

天の下治らしめしし獲□□□鹵大王の世、典曹に奉事せし人、名は无利弖、八月中、大鉄釜を用い、四尺の廷刀を并わす。八十たび練り、九十たび振《う》つ。三寸上好の刊刀なり。此の刀を服する者は、長寿にして子孫洋々、□恩を得る也。其の統ぶる所を失わず。刀を作る者、名は伊太和、書する者は張安也。

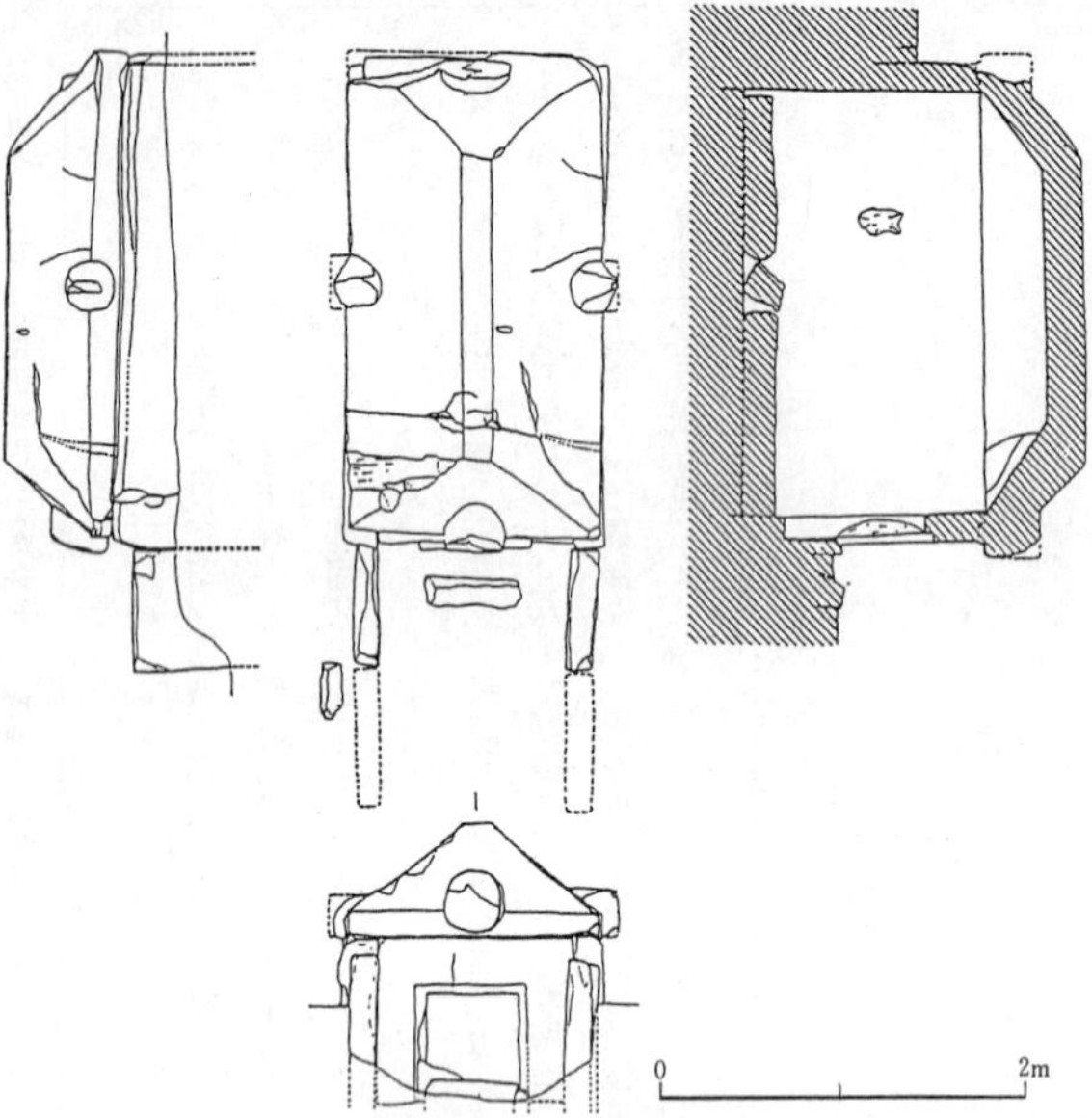

江田船山古墳の石棺式石室

このワカタケル大王の世に奉事した典曹人《てんそうじん》のムリテがこの刀を作らせたこと、練りに練り、振《う》ちに振《う》ったこのよい刀を服するものは、さまざまなよいことがあることを記し、最後にこの刀を作った者は伊太和であり、銘文を書いたのは張安であるとしています。

この古墳の埋葬施設は、弥生時代以来の埋葬施設である箱式石棺《せっかん》と、舟形石棺の屋根形の棺蓋《かんがい》が結合した家形の石棺に、さらに横穴式石室の機能がくわわった九州特有の特殊な構造のものです。横口式で追葬が可能な構造になっていますから、当然複数の被葬者の合葬が予想されます。事実、この石室から出土した副葬品には、時期をことにするものがふくまれています。

いまこれらの副葬遺物を現在の考古学の編年観で整理してみると、三時期に区別することができます。もっとも古い古相の遺物は、豪華な金銅製冠帽《かんぼう》などをふくむ五世紀後半のもの、より新しい新相の遺物群は、広帯《ひろおび》二山式《ざんしき》の金銅製冠や、金銅製の飾履《しょくり》などをふくむ六世紀初頭ころのもの、さらに新しい最新相のものは、宝珠形《ほうじゅがた》立飾のついた狭帯《せまおび》式《しき》の金銅製冠などをふくむ六世紀前半ころのものです。

このことから、この石室にはまず五世紀後半に、おそらくこの古墳がその人のために造られたともみるべき墓主が埋葬され、ついで六世紀初頭ごろと、さらに六世紀前半ご

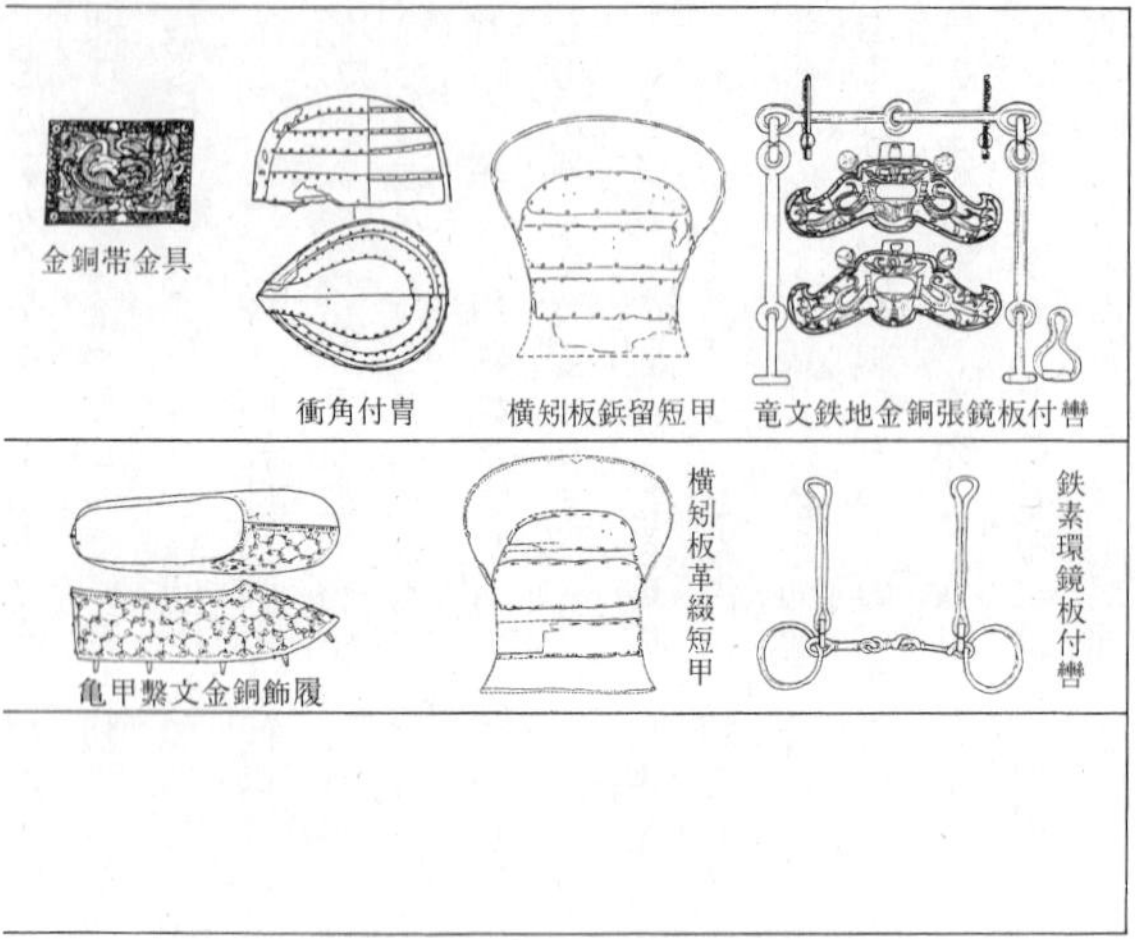

金銅帯金具　衝角付冑　横矧板鋲留短甲　竜文鉄地金銅張鏡板付轡
亀甲繋文金銅飾履　横矧板革綴短甲　鉄素環鏡板付轡

ろの二回にわたって追葬が行われたことが知られるのです。

それでは、銀象眼《ぎんぞうがん》の銘文をもつ鉄刀は、いずれの時期の埋葬にともなうものでしょうか。この石室からは鉄刀が一四口、鉄剣が五口、鉄鉾《てつほこ》が四口も出ています。そのうち銘文をもつ江田船山大刀《えたふなやまのたち》をふくんで、刀身《とうしん》と茎《なかご》（柄《つか》の中に差しこむ部分）を合わせた長さが一メートルをこえる大きな鉄刀三口があります。それらはいずれも長大で幅広の刀身をもちますが、刀身と茎の間の関《まち》の部分に方形のえぐりをもち、また刀身の関近くに鎺本孔《はばきもとのあな》とよばれる孔があるなど、共通の特徴をもっています。

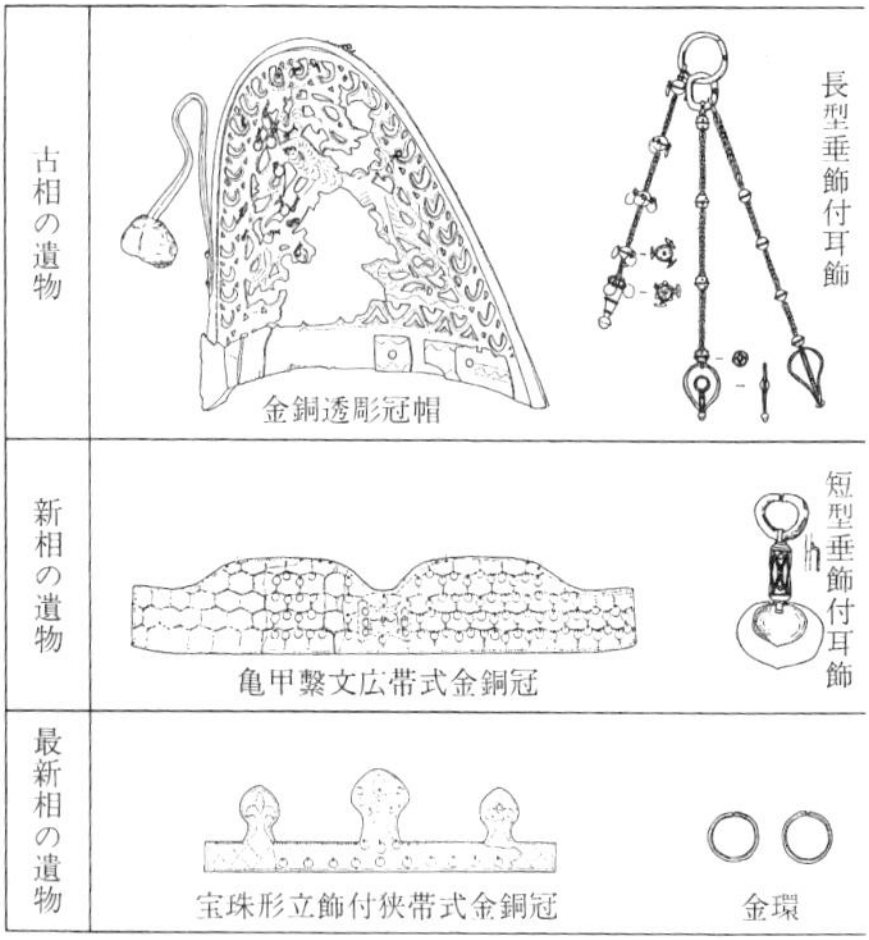

江田船山古墳の副葬品の編年

こうした特徴をもつ鉄刀は、近畿《きんき》地方の須恵器《すえき》の編年ではMT一五型式（五世紀末から六世紀の第1四半期ころと想定される）、ないしそれ以降にならないとみられないものです。したがって江田船山大刀自体は、須恵器の年代の物差しでは、MT一五型式かそれ以降のものということになります。

江田船山古墳の周溝《しゅうこう》からは、このMT一五型式より一段階古いTK四七型式（五世紀の第4四半期ころと想定される）の須恵器が出土しており、古相の遺物をともなう最初の被葬者、すなわち墓主の葬送儀礼に用いられたものと想定されます。したがって江田船山大刀はこの古墳の墓主に副葬されたものではなく、その墓に追葬された、おそらく新相の遺物をともなう二番目の被葬者の持ち物である可能性が大きいということになります。

なお、この江田船山大刀《えたふなやまのたち》には製作年代は書かれていません。ただこの大刀は「天の下治らしめししワカタケル大王の世、奉事せし典曹人《てんそうじん》、名はムリテ」が作らせたことになっています。

ここにみられる「大王の世」という表現は、古代の墓誌などにみられる「○○天皇の世」の表現と同じで、過去の君主の治世をさして用いられるもので、その君主の治世が終わってからの表現にほかならないことを古代史の東野治之《とうのはるゆき》さんが指摘しておられます。この指摘にしたがえば、この大刀《たち》はワカタケル大王の没後、それもまだ大王に仕えたムリテの生存中に作られたことになります。

『古事記』によると、雄略《ゆうりゃく》の崩年干支《ほうねんかんし》は己巳《きし》、すなわち四八九年で、これは倭王武《わおうぶ》の、宋への遣使年代が四七八年であることとも矛盾しないので、ほぼ信頼できると考えられています。とするとこの大刀が作られたのはまさに五世紀末ころということになります。この大刀が、六世紀初頭ころに埋葬されたこの古墳の二人目の被葬者の持ち物であろうとするさきの想定とほぼ完全に一致します。

江田船山大刀の銘文によると、この大刀はワカタケル大王の世に典曹人として仕えたムリテが作らせたことが知られます。この有銘大刀についても、稲荷山鉄剣《いなりやまてっけん》の場合と同じように、この刀を作らせたムリテを江田船山古墳の被葬者と考えるa説と、そうではなくてムリテは中央の豪族で、この刀はムリテからこの古墳の被葬者にあたえられたものとするb説とが対立しています。

この場合もさきにのべた考古学的な出土遺物の分析の結果から、この大刀は江田船山古墳の墓主の持ち物ではなく、二〇年ほどあとに追葬された人物の持ち物であることから、私はb説が正しいと思っています。

ムリテが典曹人であったことが銘文から知られますが、「典曹人」とは「曹（役所）を典《つかさど》る人」ですから、単なる文官ではなく、大王の政務執行機関全体を統括した、きわめて有力な人物であろうと考えられます。それではなぜ江田船山古墳の被葬者、それもこの古墳の墓主である肥後《ひご》（熊本県）の有力豪族の族長その人ではなく、その墓に追葬された子どもか兄弟がこの大刀を中央の有力豪族からあたえられたのでしょうか。

この問題を解くカギは、江田船山古墳の三人の被葬者の副葬品の中に、日本列島の古墳のなかでは珍しいくらい多くの金銅製装身具がふくまれていることにあろうと思います。これらの金銅製装身具は、いずれも朝鮮半島の古墳の副葬品と共通するもので、朝鮮半島製、ないしその技術を受け入れて倭国《わこく》で作られたものです。それらの多くは朝鮮半島のなかでも百済系《くだらけい》のものであることが注目されます。

すなわち江田船山古墳の三人の被葬者は、いずれも、百済をはじめとする朝鮮半島諸国との交渉・交易に活躍した人物であることが予想されるのです。このことから私は、江田船山大刀《えたふなやまのたち》は、中央で外交を統括していた有力豪族から、朝鮮半島に出かけて外交や交易活動を実際に担当していたこの肥後《ひご》の豪族にあたえられたものに違いないと考えています。

じつはこの時期、この有明海《ありあけかい》やその南の八代海《やつしろかい》沿岸各地の諸勢力が、日本列島各地や朝鮮半島との水運活動に重要な役割を果たしていたことが知られています。五世紀代には、有明海・八代海沿岸の肥後の三ヵ所で阿蘇《あそ》の溶結凝灰岩《ようけつぎょうかいがん》を用いて製作された舟形石《ふながたせっ》棺《かん》が、瀬戸内海沿岸各地から近畿《きんき》中央部の古墳にさかんに運ばれ、また五世紀前半、肥後を中心に発達した肥後型の横穴式石室が、吉備《きび》や畿内《きない》でも造られています。

また出雲《いずも》地方独特の古墳の埋葬施設である石棺式石室は、有明海・八代海沿岸の石棺式石室の影響によるものであることが明らかにされており、山陰から北陸の一部の古墳の横穴式石室内部にみられる石屋形《いしやかた》とよばれる遺骸《いがい》安置施設も、肥後・筑後《ちくご》（福岡県南西部）で生み出されたものです。さらにこの地域独特の石の埴輪《はにわ》である石馬が、鳥取県淀江町石馬谷古墳《よどえちょういしうまだにこふん》にもみられます。

これら有明海・八代海沿岸の古墳にみられる石室やその内部施設、さらに石棺などは、すべて有明海・八代海沿岸を起点とする海の道を通じて日本列島各地に伝えられ、影響をあたえているのです。重要なことは、この海の道は、当然朝鮮半島からさらに中国大陸にまで通じていることです。五世紀はじめころまでは、朝鮮半島との交渉・交易の主なにない手が、玄界灘《げんかいなだ》沿岸の勢力であったことは疑いありませんが、五世紀前半以降これにかわって、有明海・八代海沿岸各地の諸勢力が半島との水運活動においても中心的な役割を果たすようになるのです。それまで玄界灘沿岸と朝鮮半島との海上交通の安全を祈る場であった宗像沖ノ島《むなかたおきしま》の神まつりに、有明海沿岸の水沼君《みぬまのきみ》が関与するようになるのもこのことと関係するものでしょう。

このように五世紀前半以降、それまでの玄界灘沿岸勢力にかわって、有明海・八代海沿岸各地の中小豪族層が、朝鮮半島との交渉・交易を担当するようになったことはたしかだと思われます。そうしたなかで、中央のヤマト王権のなかで外交の仕事を担当する中央豪族としては、その氏《うじ》の職掌《しょくしょう》をまっとうするためには、どうしてもこれら有明海《ありあけかい》・八代海《やつしろかい》沿岸各地の中小豪族層の協力が必要であり、そのためにこうした有銘の大刀《たち》を作ってこの地の豪族にあたえることもあったのだと思います。

『日本書紀』の敏達紀《びだつき》には、百済《くだら》の宮廷に仕える高官であった日羅《にちら》という人物が「火《ひの》葦北国造《あしきたのくにのみやつこ》刑部靫部阿利斯登《おさかべのゆげいありしと》の子」にほかならないことを伝えています。火（肥《ひ》）の葦北は、八代海沿岸の八代付近の地名であり、有明海・八代海沿岸の豪族が、百済など朝鮮半島諸国との交渉・交易活動に活躍していたことを示す文献史料にほかなりません。

さらにこの敏達紀の記事は、八代海沿岸の葦北の豪族の子であった日羅が、大伴《おおとも》氏の族長である大伴金村《おおとものかなむら》のことを「わが君大伴金村大連《おおとものかなむらのおおむらじ》」とよんだことを伝えています。ヤマト王権の中で外交の仕事を担当していた中央豪族の大伴氏と、その下で実際の外交活動に従事していた八代海沿岸の豪族との間には、一種の君臣関係のような関係が成立していたことが知られます。

江田《えた》船山大刀《ふなやまのたち》は、まさにこうした、たとえば大伴氏のような外交を統括する中央豪族から、実際に朝鮮半島諸国との交渉・交易を担当していた有明海沿岸の肥後《ひご》北部の豪族の有力メンバーにあたえられたものにほかならないと思います。ムリテやその一族としては、実際に外交の仕事を現地で担当してくれている肥後の豪族は、外交という自らの氏《うじ》の職掌《しょくしょう》をまっとうするためには、こうした特別に製作した有銘大刀をあたえてまで大切にしなければならない重要な存在であったのです。

このように、私は、稲荷山鉄剣《いなりやまてっけん》も江田船山大刀も、ともに中央豪族が、ヤマト王権のなかでその氏が担当している職掌をまっとうするために、地方でその仕事に協力してくれている豪族にあたえるために製作したものにほかならないと考えています。

こうした考えに対しては、これらの有銘刀剣はヲワケやムリテ一族にとってこそ意味のあるもので、地方豪族にとっては意味がないではないかという反論があります。しかしさきにものべたように、こうした特定の職掌関係で強く結ばれていた中央豪族と地方豪族の間には、おそらく擬制的な同祖・同族関係が設定されていた可能性が大きく、彼らはけっして赤の他人であったわけではないと思われます。

五世紀でもその後半になると、ヤマト王権の権力が伸張し、それとともにヤマト王権の地方支配のシステムも、しだいに整備されていきます。そしてその支配のシステムとしては、具体的にはヤマト王権を構成する中央豪族層がそれぞれ重要な職掌を分担し、また中央豪族はその職掌関係を通じて、それぞれ地方の豪族層を強力に掌握するといった支配構造が想定できるのではないでしょうか。

王から大王へ

稲荷山鉄剣《いなりやまてっけん》には乎獲居(ヲワケ)、意富比垝(オホヒコ)、獲加多支鹵(ワカタケル)などの人名や、斯鬼(シキ)といった地名が、また江田船山大刀《えたふなやまのたち》にも同じ獲□□□鹵(ワ□□□ル)や、无利弖(ムリテ)などの人名が、のちの万葉仮名と同じように、漢字の音を借りて表記されています。このことからも、これらの有銘刀剣が日本列島で製作されたことは疑いないでしょう。ただこの銘文の文章を作り、書いたのは、江田船山大刀に「書するものは張安也」とあるところからも明らかなように、おそらく中国系の渡来《とらい》人《じん》であったことが知られます。

五世紀にはこの二口の有銘刀剣以外にもう一口、銘文をもつ鉄剣が知られています。それは千葉県市原《いちはら》市の稲荷台《いなりだい》一号墳から出土した「王賜」銘鉄剣です。それは剣身の関《まち》にちかい部分の表裏に六字ずつ、表に「王賜□□敬安」、裏に「此廷□□□□」と金象《きんぞう》眼《がん》で書かれています。失われた部分や読めない部分もありますが、「王□□を賜る、敬《つつし》

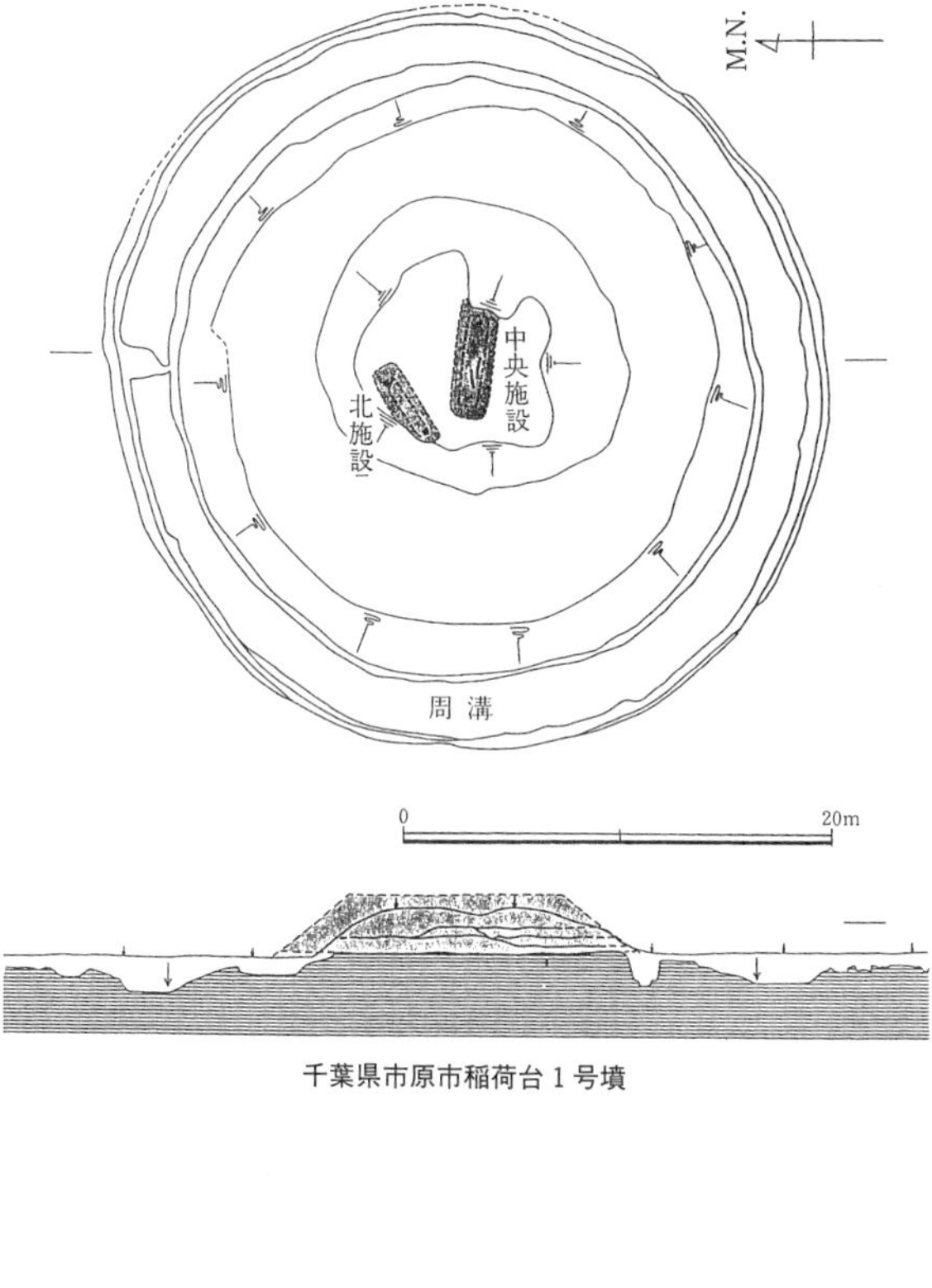

千葉県市原市稲荷台１号墳

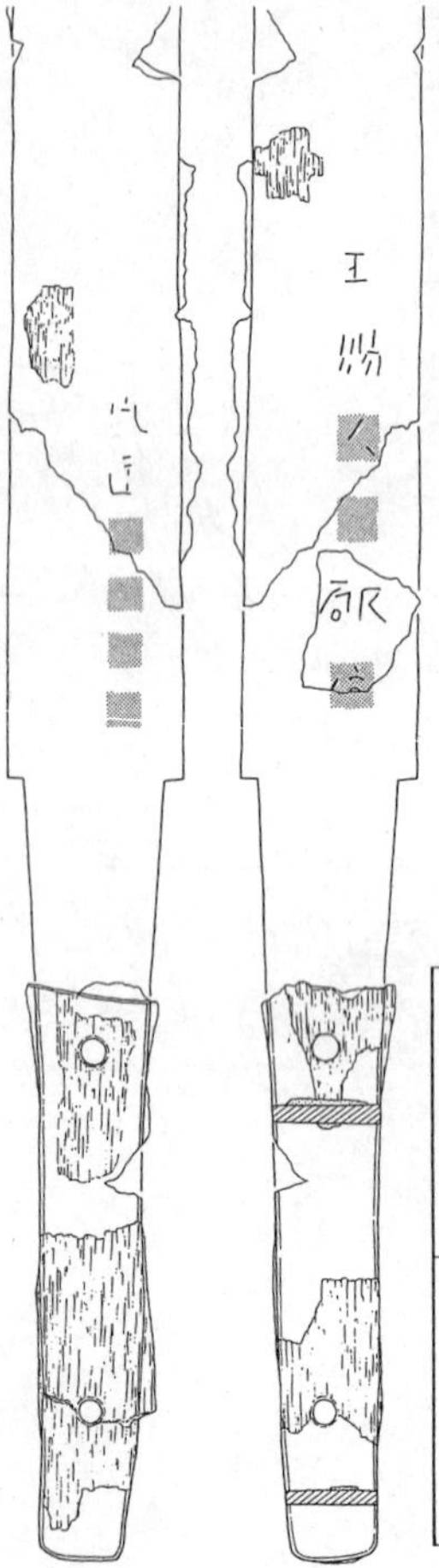

「王賜」銘鉄剣の銘文部分

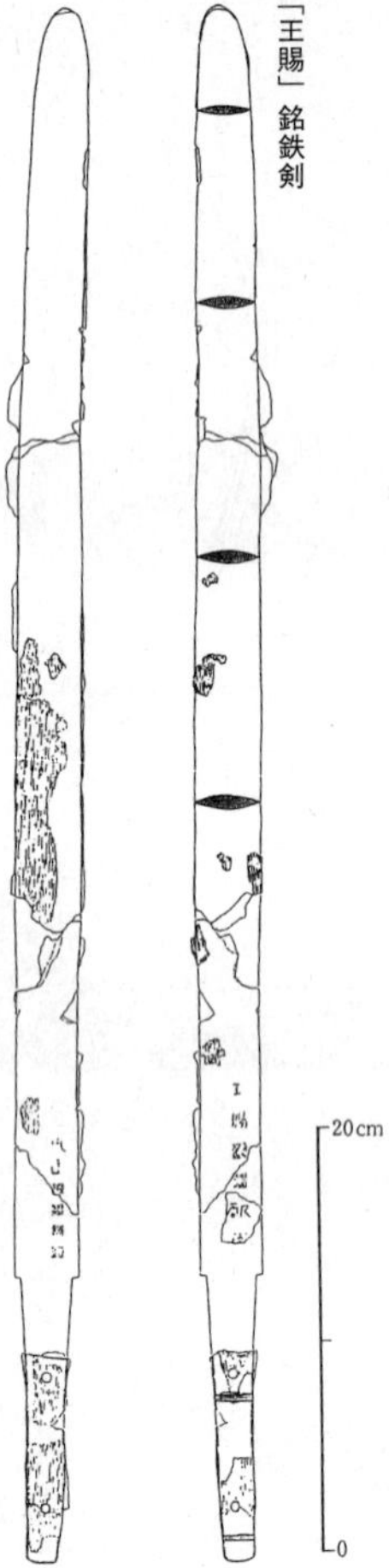

「王賜」銘鉄剣

んで安《やす》んぜよ」「此の廷□《刀か》は□□□」と読めます。表の不明の二字は、おそらくこの剣自体を示す目的語と思われ、裏の下半には「辟百兵《ひゃくへいをさく》」「辟不祥《ふしょうをさく》」といった吉祥句《きっしょうく》が来るものと思われます。おそらく王が誰かに下賜《かし》する目的で作ったものでしょう。

この剣自体には年号は書かれていません。ただこの古墳が、出土した副葬品や土器などから、五世紀中ごろに造営されたものであることが知られますから、この「王賜」銘鉄剣それ自体は、五世紀前半に製作されたものであることはたしかでしょう。

ところで、この剣にある「王」とは誰のことでしょうか。これについては、倭《わ》国王《こくおう》、朝鮮半島の国の王、東国の王などさまざまな説が出されました。ただこの時期朝鮮半島では剣の時代が終わり、刀の時代になっているので、朝鮮半島の王と考えるのはむつかしく、また「伊都《いと》国王《こくおう》」「奴《な》国王《こくおう》」など、弥生時代の原生国家の段階ならともかく、五世紀の東アジア世界で倭国内の王といえば倭国王、すなわちヤマト政権の盟主にほかならないと思われます。

このように、「王賜」銘鉄剣は、現在のところ日本列島で作られたことの明らかな有銘刀剣としては最古のものです。また最近では弥生時代の土器に漢字を書いた例が知られていますが、いずれも「鏡」「田」など一字だけで、文章の例は知られていません。

したがってこの銘文は、日本列島で書かれた一定の意味をもつ文章として、今にのこる最古のものということになります。

ところで、稲荷山鉄剣《いなりやまてつけん》や江田船山大刀《えたふなやまのたち》が、比較的大きな前方後円墳から出土しているのに対し、この「王賜」銘鉄剣が、直径二八メートルという中型の円墳から出ていることが注目されます。

この稲荷台《いなりだい》古墳群は四世紀から七世紀まで存続する古墳群ですが、そのなかで最大の古墳がこの一号墳であり、まさに上総《かずさ》（千葉県中部）の小豪族が代々営んだものとおもわれます。したがって研究者のなかには、同じ市原《いちはら》市の姉崎《あねさき》古墳群にあるほぼ同時期の前方後円墳である姉崎二子塚《ふたごづか》古墳（墳丘長九五メートル）の被葬者を介して王からあたえられたものであると考える人もおられます。

ただ、この古墳の「王賜」銘鉄剣を出土した中央施設と名づけられた埋葬施設からは、短甲《たんこう》とよばれる鉄製のよろいが出土していることなどから、私はこの剣は、稲荷台一号墳の被葬者の武勲《ぶくん》に対して、王からあたえられたものではないかと思います。武勲であれば、小豪族でもこれをあげることは可能でしょう。この時期は、畿内《きない》の王権が各地の有力首長層を介さないで、直接中小豪族層との関係を強化しようとしていた時期とみられるのであり、この剣が、こうした中小古墳から出土していることにこそ大きな意味があるのではないかと思います。

五世紀でも後半から末葉になると、稲荷山鉄剣や江田船山大刀についてのべたように、ヤマト王権を構成する畿内の有力豪族が表にでて、彼らから地方豪族に有銘刀剣があたえられているのに対し、この段階ではまだ畿内の王が、直接地方の豪族との関係を保っていることも興味深いと思います。

さらに重要なことは、五世紀前半の「王賜」銘鉄剣では「王」であったのが、五世紀後半の稲荷山鉄剣や江田船山大刀の段階になると、倭国王《わこくおう》が「大王」を名乗るようになることです。当時の東アジア世界では、中国の皇帝・天子に対し、それ以外の国の支配者はすべて王でした。ところが、五世紀でも後半のワカタケル王は、自らを大王とよんでいるわけです。さらに稲荷山鉄剣には「ワカタケル大王の寺（役所の意味）、シキの宮に在る時、吾、天下を左治し」とあり、また江田船山大刀には「治天下ワカタケル大王」とあります。この「天下」の思想は、天命によって地上世界を支配する中国の皇帝の意識にほかなりません。

東夷《とうい》の小国にすぎない倭国の王が、「治天下」を意識するようになるのは、明らかに朝鮮半島諸国との関係からであろうと思われます。この時期、争乱のつづく朝鮮半島の国々は、倭国《わこく》を味方に引き入れるため、あるいはその侵略を防ぐためでしょうか、倭国側が「調《ちょう》」（みつぎもの）と誤解するような進物を贈ったり、あるいは倭国に対して「質（人質）」を送ったりするようになります。また倭の仇敵《きゅうてき》である高句麗王《こうくりおう》が「太王」を名乗っていることなどもあって、東夷《とうい》世界において、倭国を中心とするミニ天下思想を構想するようになったものと思われます。

いずれにしても、この時期から倭国王が、たんなる「王」ではなく「大王」を名乗るようになることは、列島内の各地の「王」に対する「大王」、すなわち「キング　オブ　キングズ」の意味ではなく、あくまでも朝鮮半島諸国との国際関係のなかで、より優越的な位置に立とうとする意識によるものであることは明らかでしょう。ただその前提として、ヤマト政権の盟主であるヤマト王権の、地方の首長層に対する支配権が確立していたことは疑いないでしょう。

さきにみたように、この時期以降、畿内《きない》以外の地域に、墳丘長一五〇メートルをこえるような前方後円墳が営まれることは絶えてみられなくなり、ひとり畿内にのみ、三〇〇メートルをこえる巨大な前方後円墳が営まれるのです。

このような意味から、ヤマト政権は同じ首長連合、あるいは連合政権といっても、五世紀後半を境に、それ以前とそれ以降とでは大きな違いがあることは明白です。ほんとうの意味での連合政権の時代は終わったと考えるほうがよいのかもしれません。ただしヤマトの王権、すなわち畿内の首長連合が、日本列島各地の人びとを直接的に支配する体制は、七世紀の後半を待たなければ出現しないことも事実であって、ここでは政治連合、首長連合の質が大きく変化したものととらえておきたいと思います。

終章　倭国《わこく》の文明化と古代国家の形成

騎馬民族はやってきたのか

第二次世界大戦が終了して間もない一九四八年に、東洋考古学の江上波夫《えがみなみお》さんにより騎馬民族征服王朝説とよばれる雄大な仮説が提起されました。これは、北方ツングース系の遊牧騎馬民族の一派が朝鮮半島を南下して、九州に侵入し、やがて畿内《きない》地方を制圧して打ち建てたのが、天皇家を中心とするヤマト朝廷にほかならないというものです。

この説がそのままの形で成り立つと考える研究者はほとんどいません。ただこの説の大前提は、日本列島の古墳のうち、後半期の五世紀以降のものには馬具の豊富な副葬が認められるのに対し、前半期の三～四世紀の古墳にはそれがまったくみられないこと、すなわち、四世紀ころまでの倭人《わじん》たちには乗馬の風習がなかったのに、五世紀になるとそれがいっきに受容されるようになることです。

騎馬民族征服王朝説を否定しようとすれば、それでは何をきっかけに、日本列島で乗馬の風習が受け入れられるようになるのかを説明する必要があります。さらに重要なことは、この五世紀ころの大きな変化は、たんに乗馬の風習だけではなく、人びとの生活やさまざまな生産技術のレベルにまでわたるきわめて大きな変化にほかならなかったことです。

人びとがすむ竪穴《たてあな》住居にカマドが出現し、人びとの生活のあり方が大きくかわります。また鉄器のすすんだ生産技術や金銅製品の生産など、高度な金属加工技術が伝えられます。さらに窯業《ようぎょう》生産では、はじめて構築された窯《かま》を用いて、硬質の焼き物である須恵器《すえき》の生産がはじまります。さらに前節でみたように、文字の本格的な使用、さらにそれに関連して学問や思想、あるいは統治技術なども伝えられたものとおもわれます。

また乗馬の風習も、たんに馬匹《ばひつ》文化として受容されたのではなく、新しい騎馬戦術や騎馬戦用の武器・武具とセットになって受け入れられるのです。歩兵戦向きの剣や槍《やり》にかわって、騎馬戦向きの刀や鉾《ほこ》がしだいに武器の中心となり、鉄鏃《てつぞく》も細身の長茎鏃《ちょうけいぞく》が一般的となり、また矢を入れる矢筒《やづつ》も、歩兵が背中におう靫《ゆき》から、騎兵が腰に下げる胡籙《ころく》が多くなります。また甲《よろい》も従来からの短甲《たんこう》についても製作技法がすすむとともに、小札《こざね》を綴《と》じ合わせた挂甲《けいこう》が現れます。ようするに、馬具も武器・武具も、騎馬戦用のものが受け入れられたのです。

さらに古墳では、従来の竪穴式石室《たてあなしきせきしつ》や粘土槨《ねんどかく》など、竪穴系のものにかわって新しく横穴式石室など、横に入口や通路をもつ横穴系の埋葬施設が出現します。また副葬品も馬具や新しい武器・武具が、それまでの古い様式の武器・武具にかわって副葬されるようになり、さらにそれまでみられなかった、埋葬施設のなかに須恵器《すえき》など多量の土器を副葬することが始まります。

こうした変化はすべていっきにおこるわけではなく、四世紀後半から五世紀代を通じて、じょじょに変化します。こうした社会的な大きな変化を説明するのに、騎馬民族征服王朝説はある意味では便利なわけです。しかしこれを否定する以上、こうした変化がなぜおこったのかの説明が求められます。ここでは、馬匹《ばひつ》文化の受容の問題を手がかりにこの問題について考えてみることにしましょう。

最近、といってもここ二十年あまりの間ですが、日本列島の各地、とりわけ東日本で比較的小型の古墳のまわりから、馬を埋めた土壙《どこう》が数多く検出されています。千葉県佐《さ》

初期の横穴式石室（福岡市鋤崎古墳）

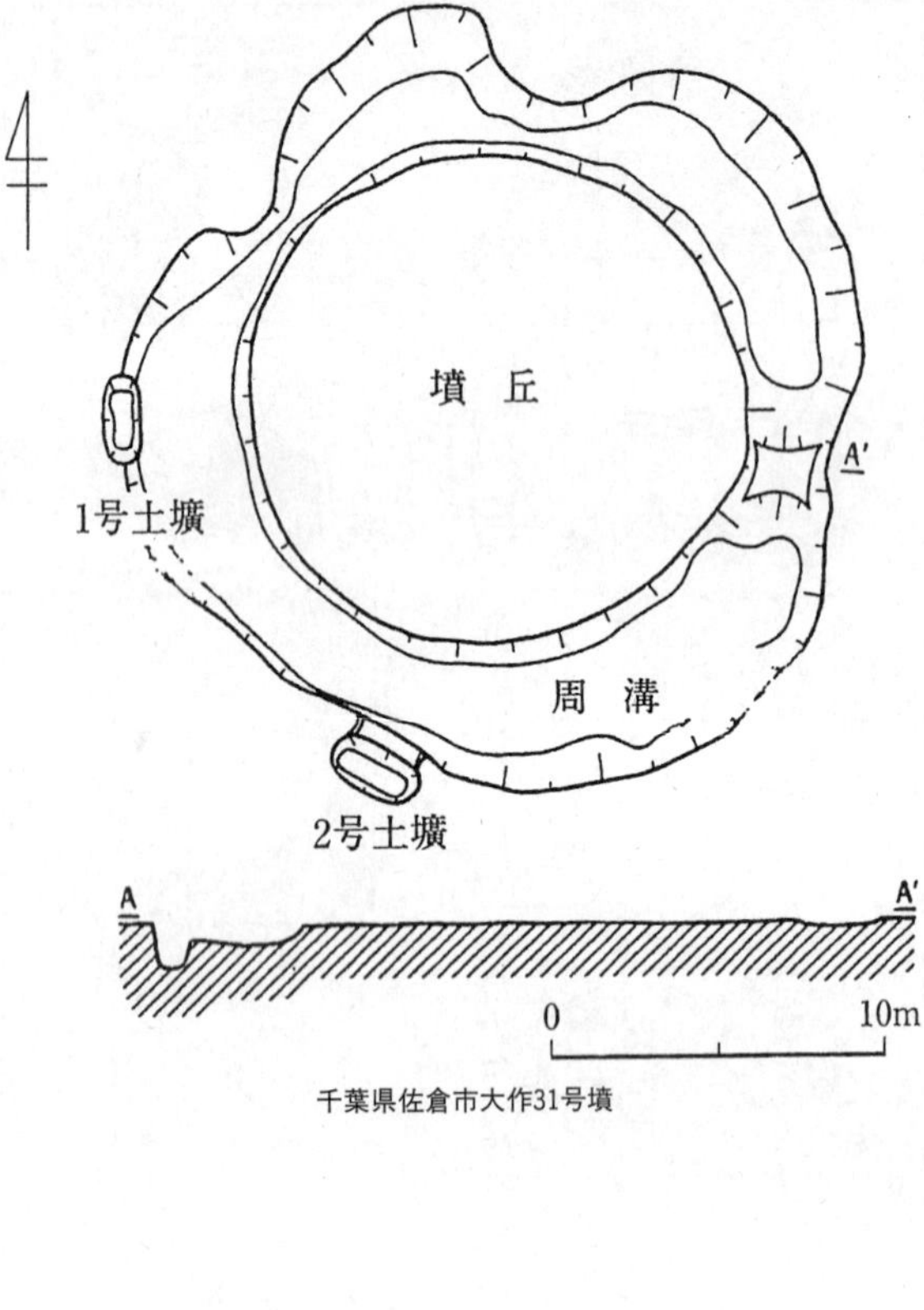

千葉県佐倉市大作31号墳

大作31号墳における犠牲馬（岩永省三氏による）

倉《くら》市、この付近は江戸時代に佐《さ》倉牧《くらまき》とよばれる幕府の軍馬を生産する大規模な牧《まき》が置かれたところですが、ここでは注目される状況で馬の土壙《どこう》が検出されています。それはこの地の大作《おおさく》三一号墳とよばれる五世紀末葉ころの、直径が一五メートルほどの小さな円墳の周囲の溝の外側に接してみつかった、二基の大型の土壙のうちの一号土壙です。

そこでは土壙の一方の隅から、馬の歯が轡《くつわ》とともに見つかり、またその中央部では、鞍《くら》の金具が出土しています。ひじょうに興味深いことは、鞍金具の出土状況からみて、この鞍は馬の歯の出た方向と反対の方向を向いていることが想定されたことです。このことは、この馬はその頭部を切断され、この頭部が馬の尻《しり》の方にほうり込まれていたことを意味します。残っていた歯からこの馬がまだ三歳の若駒《わかごま》で

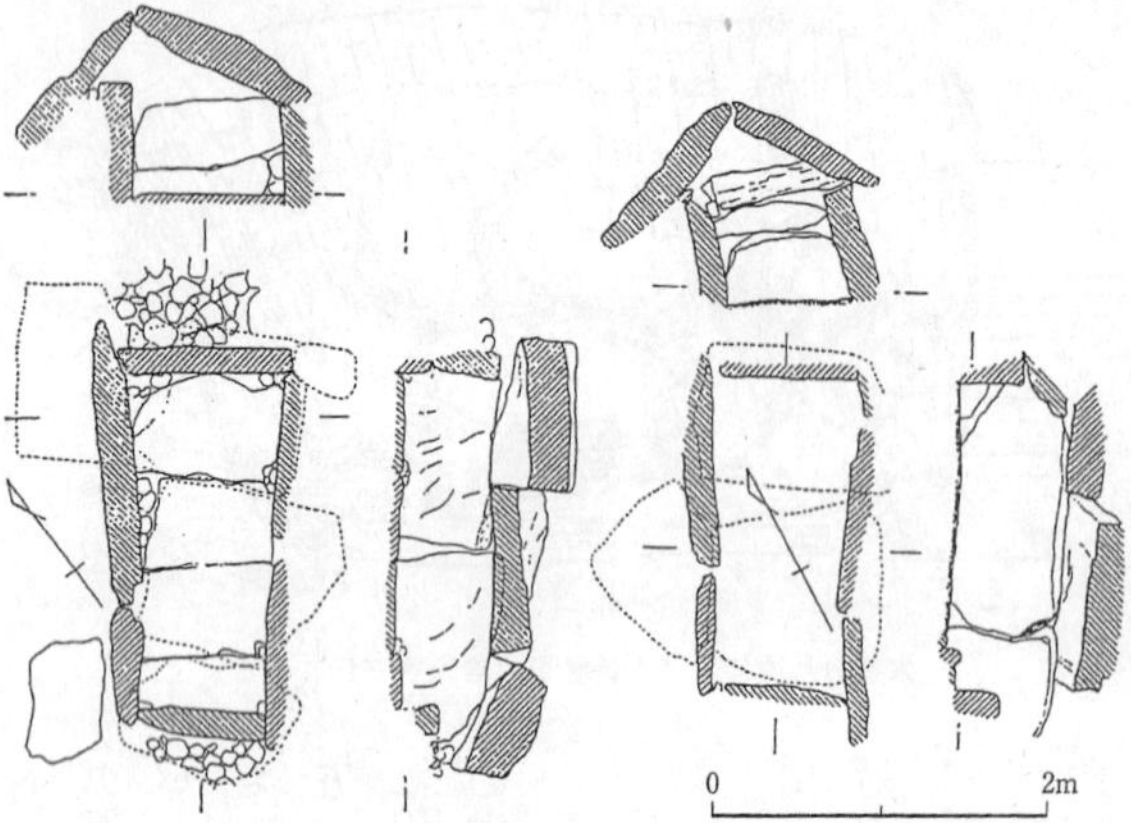

長野市大室古墳群の合掌形石室

あったこととともに、これが犠牲として殺され、人間の古墳のまわりに埋められたことを示しています。

このように馬を犠牲にして人間の墓のまわりに埋めるといった風習が、それまで馬を知らなかった倭人《わじん》たちの間に生まれたものとは考えられません。それは本来、馬になれ親しんだ遊牧騎馬系の渡来人《とらいじん》の間で行われた風習であろうと思われます。

五世紀ころの犠牲馬の土壙《どこう》は、各地の古墳で検出されていますが、それらがとくに多いのは、信濃《しなの》（長野県）、上野《こうずけ》（群馬県）、日向《ひゅうが》（宮崎県）などの地域です。『延喜式《えんぎしき》』とよばれる史料には、古代国家が管理する牧《まき》のリストがありますが、これらの地域は

『延喜式』によると、国営の牧が数多く置かれた地域であることが注目されます。このことから、これら古墳のまわりの犠牲馬の土壙は、牧における馬匹《ばひつ》生産のために、各地に定着させられた渡来人の墓にともなうものであったことが想定されるのです。

そしてこうした犠牲馬の土壙が、南九州や関東各地に数多くみられることは、五世紀のヤマト王権が本格的な馬匹生産のために、南九州や関東地方にまで大規模な牧の設置を本格的にすすめたことを示すものにほかなりません。

『延喜式』にみられる信濃の大室牧《おおむろまき》の想定地にある長野市大室古墳群は、古墳群を構成する古墳が、ほとんど石を積んで構築された積石塚《つみいしづか》であることでも注目されています。またここには合掌形石室《がっしょうがたせきしつ》とよばれる、天井石を屋根形に組んだ特異な横穴系の石室が数多くあることでも知られており、最近の調査では、それが五世紀の中葉ないしそれ以前から営まれていたことが明らかにされています。

こうした合掌形石室は、朝鮮半島では百済《くだら》で知られています。ただそれらはいずれも七世紀ころのものですが、おそらく五世紀ころにも造営されていて、その流れをくむものが七世紀まで構築されていたものと思われます。このことは、倭国《わこく》へ馬匹生産の技術を持った人たちを派遣したのが、百済にほかならなかったことを物語っています。また、日本列島で発見されている初期の馬具は、いずれも加耶《かや》のものに近似しています。馬具の生産技術は加耶、あるいは百済《くだら》から伝えられたのでしょう。

このように五世紀の倭国《わこく》は、百済、あるいは加耶の技術援助をえて、馬匹《ばひつ》を生産するための大規模な牧《まき》を九州から東国に至る各地に設置し、また加耶などの援助のもとに馬具の生産をも開始し、騎馬文化を急速に受け入れます。こうした急激な馬匹文化の受容の背景には、よほど切迫した事情があったものと推測されます。

四世紀になると、朝鮮半島では北方の高句麗《こうくり》が南下を開始します。三一三年には、楽《らく》浪郡《ろうぐん》・帯方郡《たいほうぐん》を滅ぼし、さらに四世紀後半には、朝鮮半島南部に成立していた新羅《しらぎ》や百済をおびやかすようになります。この高句麗の南下は南の百済、新羅、さらに加耶諸国にとっては、国家の存亡にかかわる大変な出来事でした。

さきにものべたように、この時新羅は高句麗に接近してこれに降る政策をとったのに対し、百済は倭国を味方に引き入れて、あくまでも高句麗と戦おうとします。また鉄資源を朝鮮半島にたよる倭国も、朝鮮半島の情勢には大きな関心があり、この高句麗との戦いにくわわることになります。また百済や加耶諸国が高句麗に併合されると、次には海をこえて倭国への侵攻も心配されたことは当然でしょう。

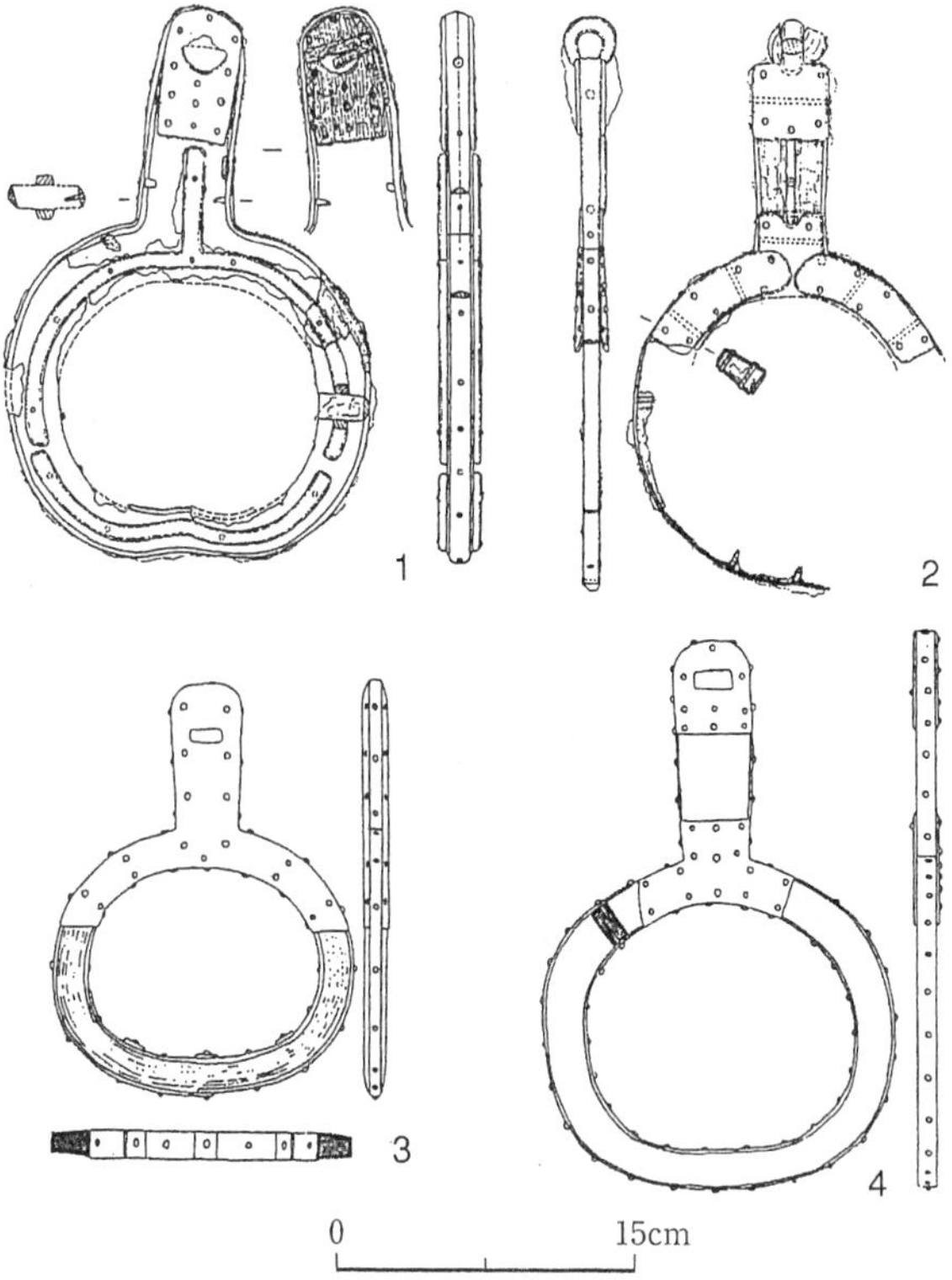

日本列島の初期の鐙と加耶の鐙
1・2：加耶福泉洞22号墳、3：滋賀県新開1号墳、4：大阪府七観古墳)

『百済記《くだらき》』によったと考えられる『日本書紀』の、神功皇后《じんぐう》四六年（三六六年にあたると考えられています）にはじまる一連の記事によると、加耶《かや》の一国卓淳《とくじゅん》国の仲介によって、はじめて百済と倭国《わこく》の国交がはじまったことが記されています。泰和《たいわ》四年（三六九）の銘をもつ奈良県天理市石上神宮《いそのかみ》に今ものこる七支刀《しちしとう》は、この国交の始まりを記念して百済王家から倭国王に贈られたものと考えられています。

高句麗《こうくり》の騎馬軍団と戦うには、どうしても騎馬戦術を学び、馬匹《ばひつ》や馬具を生産しなければなりません。このため、倭国は百済や加耶諸国の援助のもとに、牧《まき》を日本列島の各地に設置して馬の生産に努め、また馬具の生産をすすめたのです。

倭人《わじん》たちが鉄資源などの入手でたえず接触していた加耶の人たちは、すでに四世紀の段階には高度な騎馬文化を取り入れていました。したがって倭人たちも、馬や馬の文化の存在は知っていたと思われます。しかし倭人たちは馬にはまったく関心を示さなかったようです。こうした倭人たちが馬匹文化を受容することになったのは、高句麗の南下という、東アジアの国際情勢の変化による危機の到来の結果にほかなりません。この危機感が、倭人たちに乗馬の風習を学ばせ、馬具や馬匹の生産をはじめさせたのです。

馬匹文化でも、とくに馬具の生産技術は、すすんだ鉄の加工技術、メッキ法をふくむ金銅の加工技術、皮革の加工技術、さらに複雑な木工技術などをともなう、複合的な生産技術にほかなりません。馬匹文化の受容は、こうしたさまざまな新しい生産技術を日本列島にもたらすことになったのです。

倭国の文明化をもたらしたもの

このように倭国における馬匹文化の受容は、騎馬戦術の受容の一環として受け入れられたものにほかなりません。したがって馬具以外にも、さまざまな騎馬戦用の新しい武器・武具や、それらの生産技術が受け入れられました。また馬匹文化の受容は、当然のことながら牛馬耕や、運搬手段としての牛馬の利用をうながし、農業技術や運輸のあり方まで大きく変えることになったものと思われます。

さらにそれまで土師器《はじき》という、弥生土器以来の低温の焼き物しか知らなかった倭人たちに、加耶から陶質土器の技術が伝えられ、構築した窯《かま》で焼成《しょうせい》する須恵器《すえき》生産がはじまります。これが倭国の窯業《ようぎょう》のあり方にまで大きな変化をもたらしたことは、三世紀以来の埴輪《はにわ》生産までが、須恵器の焼成技法の影響を受け、窖窯《あながま》で焼成されるようになることからもうかがえます。

多くの倭人《わじん》が、戦争のため、朝鮮半島にわたってさまざまな文化や技術を習得するとともに、また倭国《わこく》からの要請におうじて、あるいは戦乱の朝鮮半島を逃れてやってきた多くの渡来人《とらいじん》が、さまざまな文化や技術や思想を倭国へ伝えます。こうして弥生時代以来の倭人たちのそれまでの生活様式を、大きく転換することになったのです。これこそ倭国の文明化にほかなりません。

さらに倭国の朝鮮半島での軍事行動への参加は、いやおうなしに、倭国を東アジアの国際舞台に登場させることになりました。倭の五王の中国南朝への遣使は、朝鮮半島での倭国の軍事的な優越性を中国王朝に認めさせ、東アジア世界で少しでも有利な国際的地位を求めようとしたものにほかなりません。こうした軍事・外交活動が、漢字の本格的な使用をうながし、土木技術や暦法・天文などから、さらには政治思想にいたるさまざまな学問や思想を受け入れることになったのです。

このように倭国の文明化をもたらしたものが、高句麗《こうくり》の南下という、東アジアの国際情勢の緊迫化にあることは疑いないでしょう。騎馬民族の征服を考えなくても、騎馬文化の受容や倭国の文明化の契機は十分に説明が可能なのです。さらに次節でものべるように、倭国を中央集権的な古代国家に転換させる直接的な契機となったのが、七世紀後半、百済《くだら》救援のために派遣した倭軍《わぐん》と、唐・新羅《しらぎ》の連合軍との白村江《はくそんこう》での戦いと、その敗戦にほかならなかったことは重要だと思います。倭国の文明化も、古代国家の形成も、つまるところ、東アジアの国際関係の緊迫化が倭国におよんだ結果にほかならないのです。外圧がなければ変わらない日本の状況は、今も昔もかわりないようです。

こうして五世紀以降、東アジアの国際社会への本格的仲間入りを果たした倭国は、その後急速に文明化をすすめ、はやくも七世紀はじめには飛鳥《あすか》文化を生み出し、さらに七世紀後半から八世紀には、中央集権的な律令国家を創出し、白鳳《はくほう》・天平《てんぴょう》の古典文化を開花させます。こうした短い期間に文明化をすすめ、高度な文化と古代国家を完成できたのはなぜでしょうか。

まず、その客観的条件として、中国という高度な文明社会の周縁に位置しながらも、朝鮮半島という緩衝地帯《かんしょうちたい》が存在し、またその間に海を介していて、主体的で選択的な文化の受容が可能であったという、地理的条件の有利さをあげることができるでしょう。

平安時代のはじめに編纂《へんさん》された『新撰姓氏録《しんせんしょうじろく》』によると、当時の都である平安京とその周辺の五畿内《ごきない》（山城《やましろ》、大和《やまと》、河内《かわち》、和泉《いずみ》、摂津《せっつ》）の一〇五九の氏《うじ》のうち、渡来系譜《とらいけいふ》をもつ氏《うじ》は三二四氏で、ほぼ三割を占めています。これは当時の民衆ではなく支配者集団である氏の数ですから、必ずしも都と畿内《きない》の住民の構成を表したものではありません。ただ五世紀以来の渡来人の数が無視できないものになっていたことは確実です。

外圧、すなわち外的刺激がなければ倭国《わこく》が文明化しなかったことは明らかですが、ただ外的刺激があっても、これを受け入れる側に受容のための内的条件や受け入れ能力がなければ、これを受けとめることはできません。この点、受け入れる側の倭人《わじん》が、五世紀以来たえず新しい渡来人をその内に受け入れ、東アジアの先進的文化を咀嚼《そしやく》する能力をたえず保持していたことが、最新の文化を主体的に受け入れ、短期間のうちに古代国家を完成させ、古典文化を生み出すことを可能にした最大の理由でしょう。

古代国家への道

同じヤマト政権といっても、五世紀後半を境にその連合政権の質が大きく変わり、倭国王は、王から大王へとみずからその称号をあらため、地方の首長層への支配を強化していったことは、前章でお話ししました。ここではその後の動向をかんたんにのべ、古代国家への歩みを整理しておきましょう。

ヤマト政権という首長連合を可視的に表現するものであった前方後円墳は、その後も造られつづけますが、畿内では六世紀末葉で、関東などの地域では七世紀初頭でその造営は終息します。そして、かつて前方後円墳を造っていた大王や有力首長層は、それにかえて大型の方墳、ないし円墳を営むようになります。この前方後円墳の造営停止は、ヤマト政権という首長連合の終焉《しゅうえん》を象徴する出来事といってよいでしょう。

前章では、五世紀の後半以降になると、畿内以外の地域では、前方後円墳の規模と数はいちじるしく減少することをのべました。ただその例外は関東地方で、ここでは五世紀後半以降になっても、比較的大規模な前方後円墳が数多く造営されます。

なかでも上毛野《かみつけぬ》(上野《こうずけ》・群馬県)では、古墳時代後期の五世紀末葉から七世紀初頭までの間に、墳丘の長さが六〇メートル以上の前方後円墳が九七基も造られています。また常陸《ひたち》(茨城県)では三八基、上総《かずさ》(千葉県中部)では二八基、武蔵《むさし》(埼玉県と東京都)では二六基もあり、これらは同じ時期の大和《やまと》の二〇基、河内《かわち》の一二基などと比べても異常に多い数といえるでしょう。関東地方では、同じ時期の他の地域とはまた異なった基準で古墳が造営されたことを示しています。

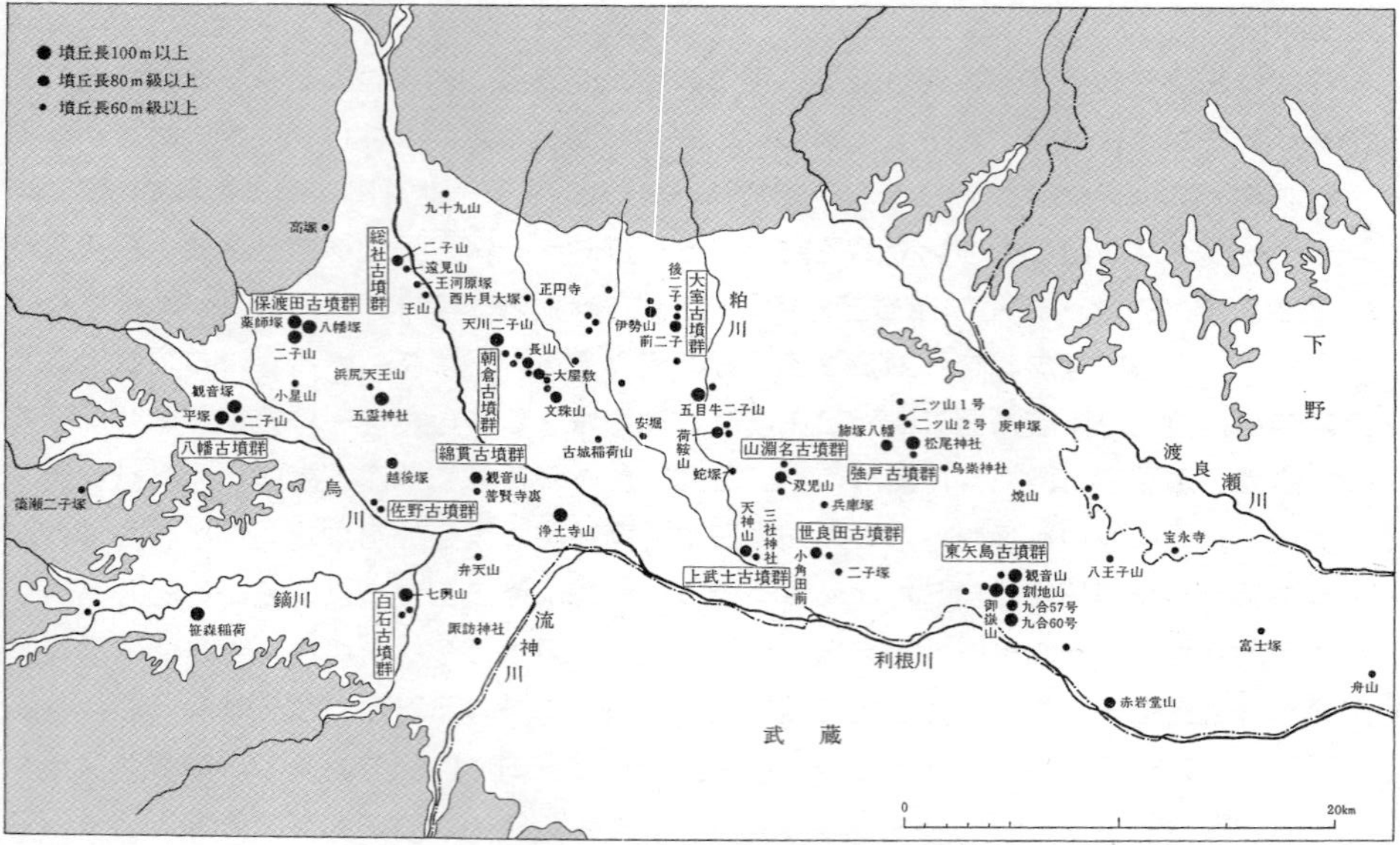

群馬県における後期大型前方後円墳の分布

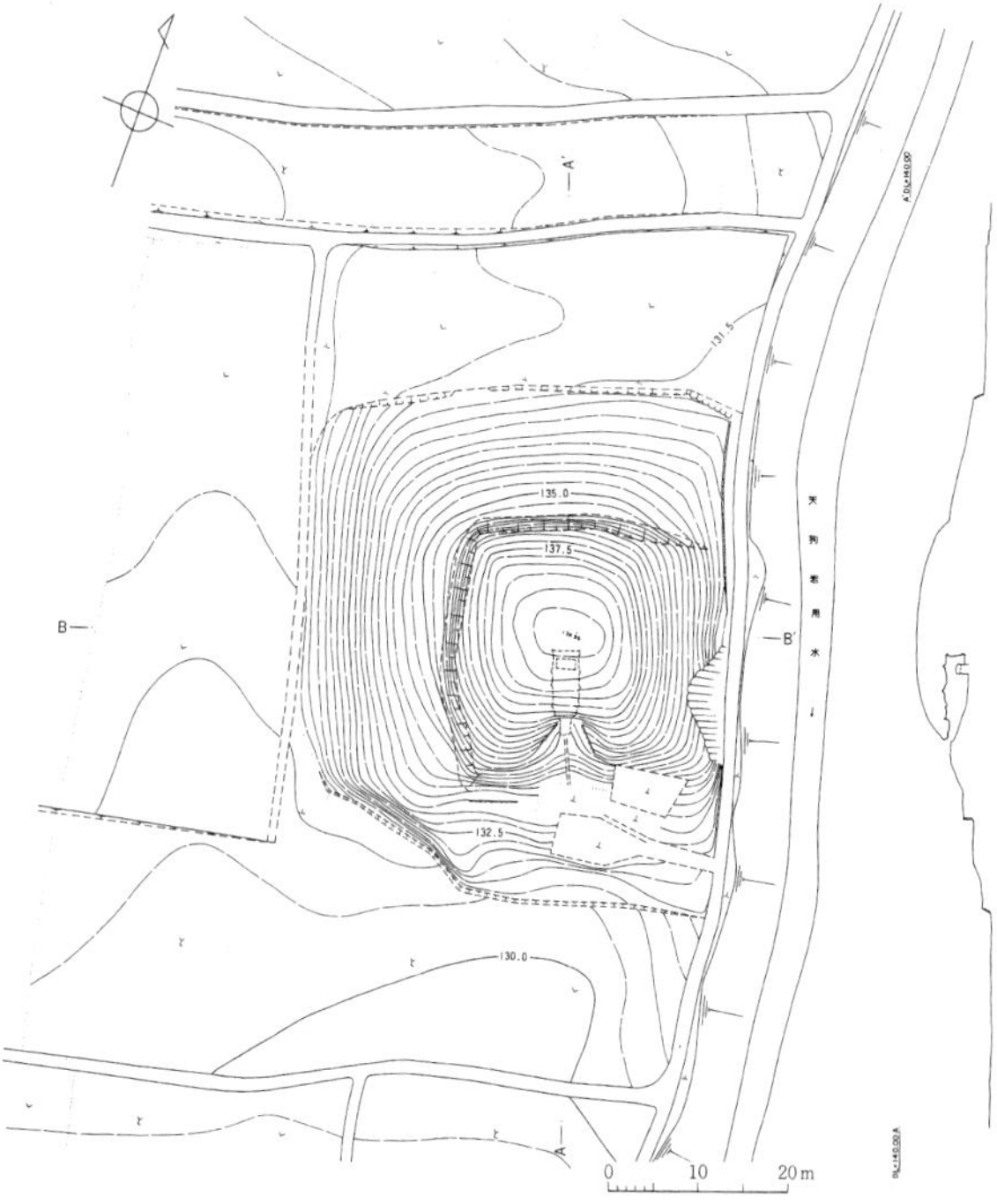

群馬県前橋市愛宕山古墳

ただし大和《やまと》・河内《かわち》ではこのなかに墳丘長三〇〇メートルをこえるような大王墓がふくまれますが、関東では最大のものでも一四〇メートルで、その規模に大きな差異があることはいうまでもありません。

二〇四頁の図は、上毛野《かみつけぬ》（上野《こうずけ》）とよばれた群馬県における、古墳時代後期の大型前方後円墳の分布状況を示したものです。群馬県各地に、亡くなると墳丘長六〇メートルから一〇〇メートルをこえるような前方後円墳に葬られる首長が割拠していたことがおわかりになるでしょう。ところが七世紀初頭を最後に、こうした前方後円墳の造営はいっせいに停止されます。それ以降群馬県内では、六世紀代に大きな前方後円墳を代々営んでいた多くの古墳群のうち、前橋市の総社《そうじゃ》古墳群でのみ愛宕山《あたごやま》古墳（一辺六五メートル）、宝塔山《ほうとうさん》古墳（一辺六〇メートル）などの大型方墳が造られつづけますが、他の古墳群では小型の円墳などになってしまいます。

群馬県以外の関東地方でも、七世紀前半から中葉には各地で大型の方墳や円墳が造られます。千葉県栄町《さかえまち》の竜角寺岩屋《りゅうかくじいわや》古墳（一辺八〇メートルの方墳）や、栃木県壬生町《みぶまち》の壬生車塚《くるまづか》古墳（径八〇メートルの円墳）などは、同じ時期の畿内《きない》の大王墓よりも大規模なものです。

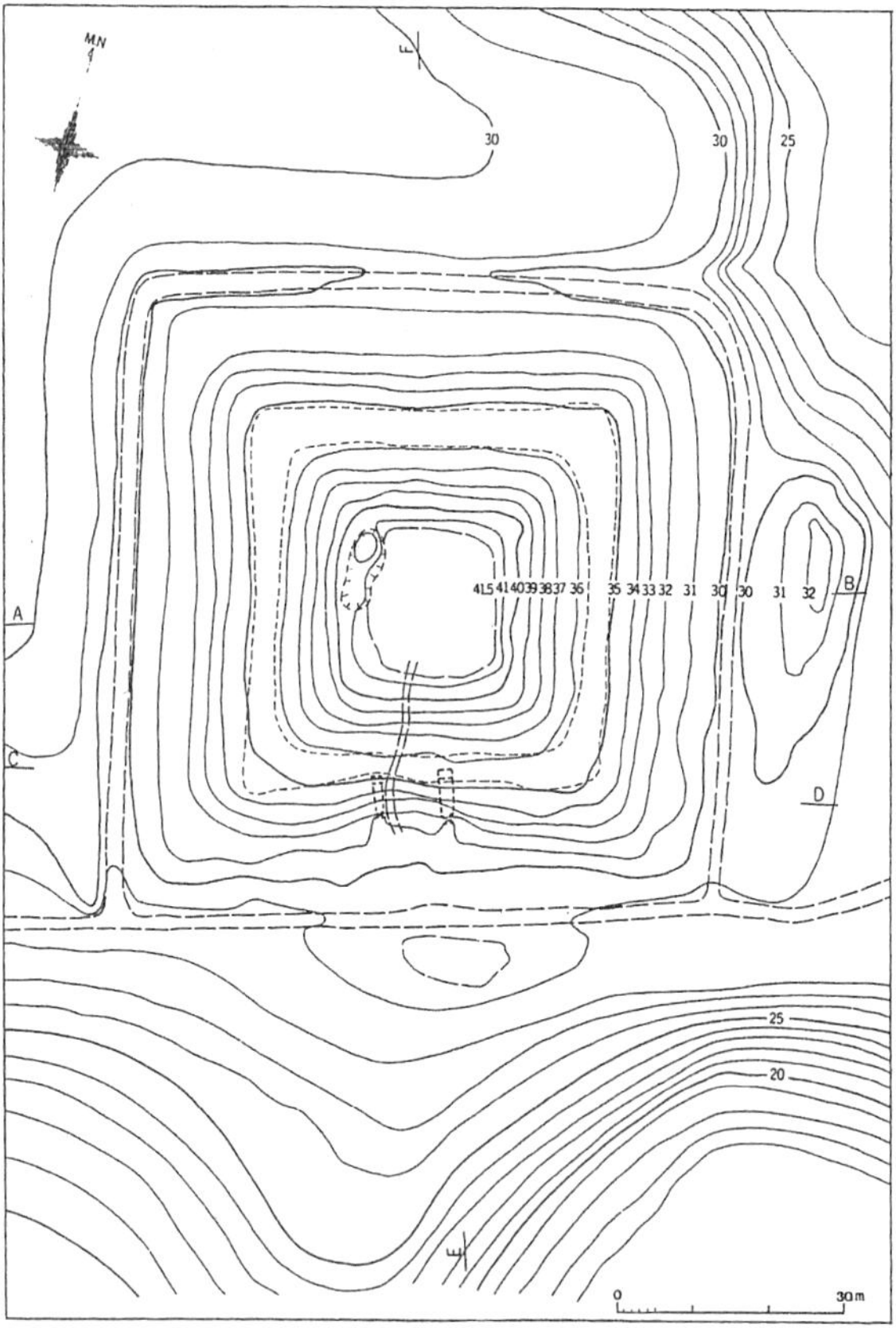
M.N
F
30
30
25
A
B
C
D
E
41.5 41 40 39 38 37 36
35 34 33 32 31 30 30 31 32
25
20
0
30m

千葉県竜角寺岩屋古墳

栃木県壬生町壬生車塚古墳

こうした前方後円墳造営停止以降の関東地方の大型方墳や円墳は、いずれも国造《くにのみやつこ》制の国を単位に一カ所だけで造営されているようです。このことから私は、これらの大型方墳や円墳は、新しく国造に任じられ、その地域の支配をゆだねられた首長の墓であろうと考えています。

上野《こうずけ》の場合は上毛野《かみつけぬ》国造が置かれたことが知られていますが、総社《そうじゃ》古墳群を残した首長がその地位に就いたことは明らかでしょう。またそれ以前には、上野各地に二〇あまりの首長勢力が割拠し、それらはまさにドングリの背比べの状態であったわけですから、少なくとも上野をはじめとする関東地方で国造制がしかれたのが、七世紀初頭の出来事であることはあやまりないでしょう。

このように前方後円墳の造営停止という出来事は、ヤマト王権の地方支配システムの大転換にほかならなかったと考えられます。それまでの首長連合の体制に終止符をうち、特定の首長を国造に選任し、この国造を通じて強力な支配をすすめようとした、推古朝《すいこちょう》のヤマト王権の政策をうかがうことができます。こうした点からも、前方後円墳の造営停止がたんなる墓制の変化にとどまらず、ヤマト政権という首長連合の終焉《しゅうえん》を物語る画期的な出来事であったことは疑いないでしょう。

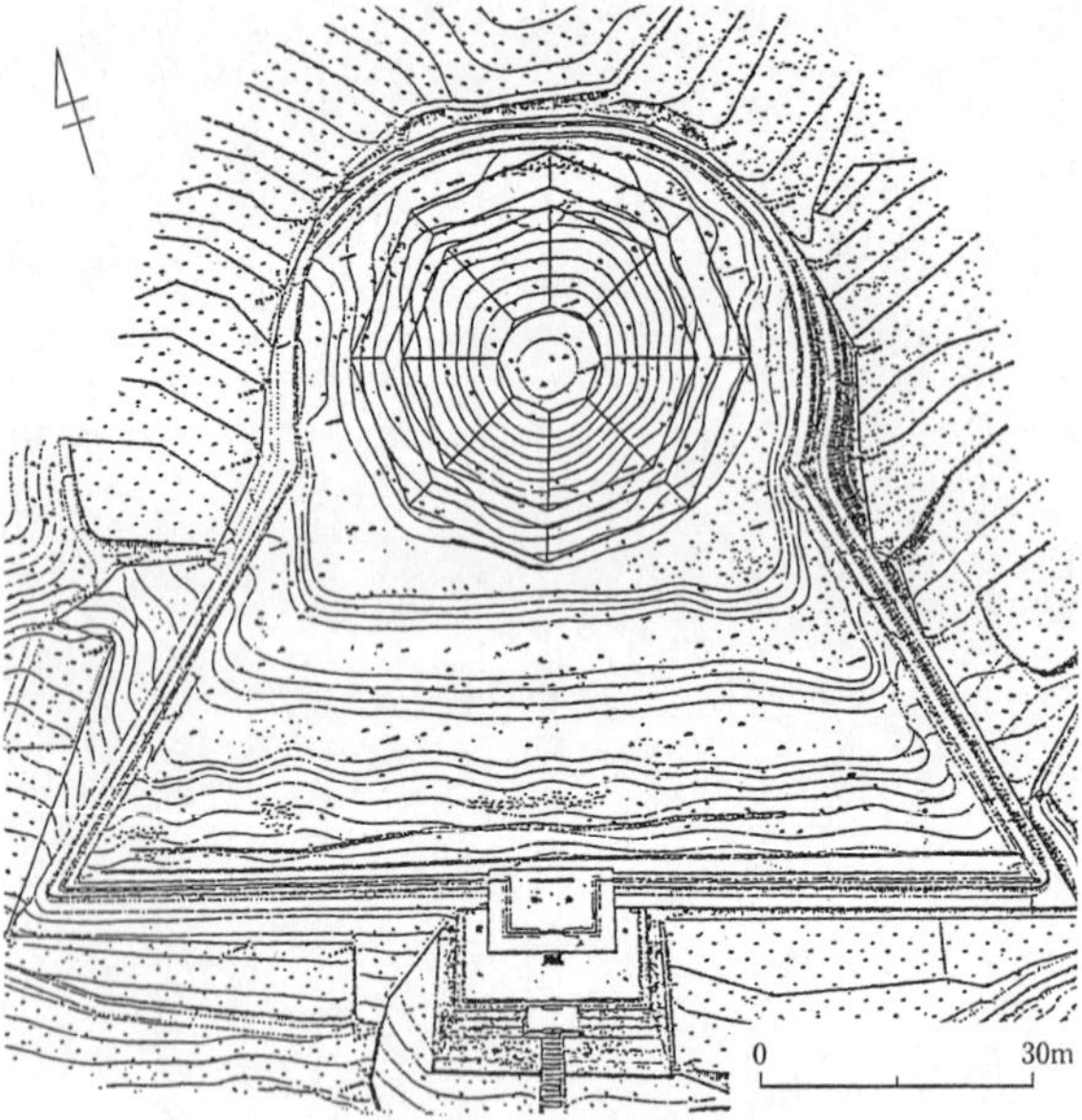

奈良県桜井市段ノ塚古墳（現舒明天皇陵）

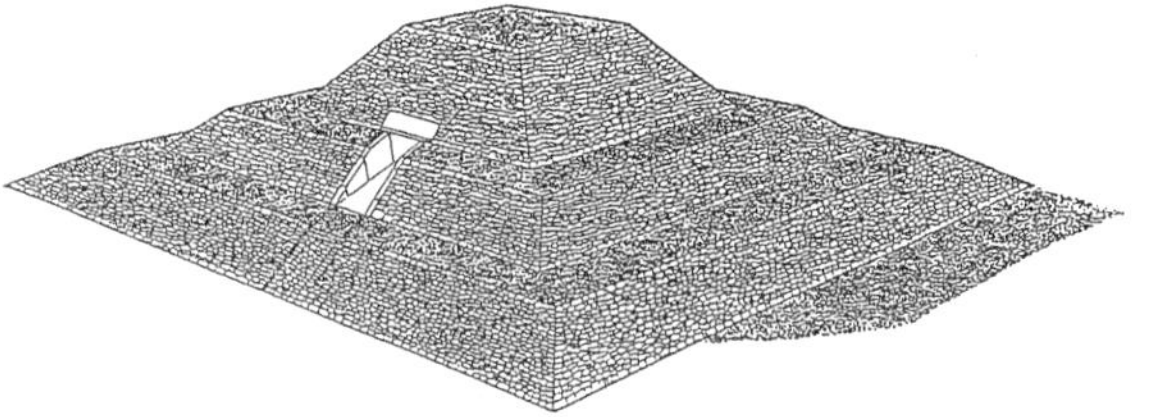

奈良県平群町西宮古墳（村社仁史氏による）

一方、畿内《きない》の大和《やまと》・河内《かわち》でも、六世紀の第4四半期を最後に前方後円墳の造営が終わり、大王や有力豪族層は大型の方墳ないし円墳を営むようになります。この時期には大王墓と想定される古墳も、畿内の有力豪族層の古墳も、その規模は変わらなくなります。王権の中枢も、三世紀以来の古い首長連合の体制を表現するものであった前方後円墳と決別するのです。

ところが、七世紀中葉になると、即位した大王は、八角墳《はっかくふん》という、いままでみられなかった特異な墳丘をもつ古墳を営むようになります。これは、それまで規模の差こそあれ一般の首長層、すなわちヤマト政権の構成員と同じ前方後円墳を営んでいた、また同じ前方後円墳を営むことによって首長同盟の盟主であることを示してきた大王が、一般の豪族からは超越した存在であることを、墳墓造営のうえでも明確に示そうとしたものにほかなりません。八角形の意味は、天下八方の支配者であることを示そうとしたもので、のちの大極殿《だいごくでん》の天皇の座である高御《たかみ》座《くら》が八角形であるのと同じ思想によるものでしょう。

現在知られる最初の八角墳の大王墓は、舒明《じょめい》大王の墓と想定される奈良県桜井《さくらい》市の段《だん》ノ塚《つか》古墳ですが、その造営時期は、舒明の崩年《ほうねん》よりは少しあと、あるいは中大兄皇子《なかのおおえのおうじ》(後の天智《てんち》天皇)が乙巳《いっし》(六四五年)のクーデターによって蘇我《そが》氏をたおし、政治権力をにぎって以降のことかもしれません。しかし最近になって、舒明大王の建てた奈良県桜井市にある百済大寺《くだらのおおでら》(奈良県桜井市吉備)の実態が発掘調査によって明らかにされました。その伽藍《がらん》の規模はきわめて雄大で、九重と想定される塔なども新羅《しらぎ》の皇竜寺《こうりゅうじ》の九重塔と覇《は》を競う高さ七〇メートルもの巨大なものであったと想定されています。この百済大寺は、大王家が新羅などの国家的大寺と張り合うとともに、蘇我氏の氏寺である飛鳥《あすか》寺《でら》を強く意識したものであることは疑いないでしょう。こうした百済大寺造営の意図などを考えると、諸豪族の墓とはまったく異なる大王にのみ固有の八角墳の造営もまた舒明大王やその周辺の人びとの考えによるものではないでしょうか。いずれにしても八角墳の創出には、大王の地位を畿内《きない》や畿外の諸豪族から超越したものとし、その下に中央集権的な支配体制を確立しようとする強い意志がうかがえます。

ただ七世紀中葉以降になっても、七世紀の第3四半期ころまでは、畿内の豪族層は、切石《きりいし》造りのみごとな横穴式石室をもつ、相当規模の方墳や円墳を造っています。平群氏《へぐりし》の奥津城《おくつき》と思われる奈良県平群町の西宮《にしのみや》古墳は、一辺三五メートルの三段築成の方墳で、背後の丘陵からは南に開く台形の掘割りで画され、その造成範囲は、東西九〇メートル、南北七〇メートルにおよぶ大規模なものです。平群氏クラスの畿内豪族は、まだこうした規模の古墳を造っていたことが知られます。大王の権力が、こうした畿内豪族層の古墳造営を完全に規制できるようになるのは、壬申《じんしん》の乱《らん》（天智《てんち》大王の死の翌年の六七二年、王位をめぐって天智の子大友皇子《おおとものみこ》を中心とする近江朝《おうみちょう》に対して天智の弟の大海皇子《おおあまのみこ》、後の天武《てんむ》大王が起こした内乱。近江朝方についた畿内の有力豪族の多くが没落し、大王の権力が飛躍的に強大となった）によって大王の権力が確立する天武朝《てんむちょう》をまたなければならなかったようです。

このように、前方後円墳の造営停止、大王墓の八角墳化、豪族層の古墳造営の終息など、古墳の終末の過程をあとづけると、それがとりもなおさず、大王権力を中心とする中央集権的な古代国家の形成と、表裏の関係にあることがおわかりいただけるでしょう。もちろん新しい律令古代国家の形成過程は、中央の宮都や地方官衙《かんが》などの考古学的研究によって明らかにされなければならない課題ですが、古墳の終末の過程もまた、その一端を物語るものであることはいうまでもないでしょう。

推古朝《すいこちょう》における前方後円墳の終焉《しゅうえん》、すなわち古い豪族連合体制からの決別が、隋《ずい》の中国統一と、それが朝鮮半島諸国にあたえた大きな衝撃の影響によるものであることは疑いないでしょう。また乙巳《いっし》（六四五年）のクーデターによってもなお、本格的な中央集権的古代国家の形成にはいたらず、白村江《はくそんこう》での敗戦という大きなショックが、律令制にもとづく古代国家完成への直接的な契機になったのです。

六六三年、倭国《わこく》は三年前に滅亡した百済《くだら》の遺臣らからなる百済復興軍とともに、唐・新羅《しらぎ》の連合軍と錦江《きんこう》河口の白村江で戦い、大敗します。倭国は亡命百済人の援助をうけて各地に多くの朝鮮式山城を築くとともに、対馬《つしま》・壱岐《いき》・筑紫《ちくし》などに防人《さきもり》を置き、烽《とぶひ》を設置します。また都を畿内《きない》から一歩しりぞいた近江《おうみ》に移し、唐・新羅の来攻に備えます。東アジアの大国唐と、朝鮮半島の統一を目前にした新羅の連合軍の来攻に対するおそれが、倭国の支配者層にはたいへんな脅威《きょうい》であったことは想像にかたくないでしょう。この大きな危機感が、倭国の中央集権的な国家体制の整備を急速にすすめさせることになるのです。この白村江の敗戦こそが、日本における古代国家形成の直接的な契機となったことは疑いないと思われます。

日本列島における政治的世界の形成、その文明化、さらに古代国家の形成が、すべて東アジア世界との接触、あるいは東アジアの国際情勢の直接・間接の影響によるものであることを理解いただければ、私の考古学と古代史のあいだの彷徨《ほうこう》（さまよい）におつきあいいただいた意味があったといえるのではないかと思います。

またこうした奈良時代以前の歴史の解明――それは奈良時代以前にかぎったことではないのですが――には、考古資料と考古学の果たす役割がきわめて大きいこと、またそうした考古学の研究成果を生かすためには、文献による古代史研究との協業が欠かせないことがおわかりいただけたとすれば、このささやかな本の役割は果たせたのではないでしょうか。

文庫版へのあとがき

日本列島における古代国家や古代文化が、いつごろどのようにして形成されたのかを明らかにするには、さまざまな学問というか、研究方法を動員して総合的に解明しなければならない。なかでも人びとが生きるためにこの大地に働きかけた跡である遺跡やそこから出土するさまざまな遺物をもとに歴史を考える考古学と、文字で書かれた史料にもとづいて歴史を復元する文献史学（狭義の古代史）の果たす役割は大きい。両者の協業が不可欠であるといって差し支えなかろう。ただ、この考古学と文献による古代史は、用いる資料と方法をまったく異にする別個の学問であり、「なれあい」ではない真の協業はそれほど容易なことではない。本書は、考古学と古代史の間をさまよいながら、筆者が主として考古学の方法にもとづいて追求してきた日本の古代国家と古代文化の形成過程について、そのあらましをわかりやすく論述したものである。

この本は、五年あまり前の二〇〇四年二月に、筑摩書房の「ちくまプリマーブックス」の一冊として刊行された。それを今回、同社の「ちくま学芸文庫」に入れていただけることになり、大幅に手を入れて修正してもかまわないとのお話をいただいた。五年間という期間は長いのか、短いのかよくわからないが、確かにこの間、考え方が少し変わったというか、従来の考えを修正すべきではないかと思うところや、書き足しておきたいこともないではない。その後の調査・研究の進展の結果を踏まえて、改訂するよい機会と考え、ゆっくり読み直してみた。

あらためて読み直してみると、きわめて稚拙でお恥ずかしい文章ではあるが、執筆時の自分の考えがそれなりに率直に書けている。またこの五年間に、大きく書き改めなければならないほど学界の研究状況や自分の考え方が変わっているわけでもない。さらに文章は生き物であり、変に手を入れて中途半端なものにするよりは、このままで読んでいただくのがよいのではないかと考えるようになった。

このため、今回の文庫化に際しては、明らかな誤りや表現上まずい部分と、その後の研究の進展の結果どうしても修正しなければならない最低限度の訂正にとどめることにした。ただ、考古学による歴史研究の大前提である、古墳など考古資料の年代に関する研究はまさに日進月歩である。この五年間に私だけではなく、多くの研究者の考えが少しずつではあるが変化している。さらに、最近著しく進展した年輪年代法など自然科学的な年代決定法の成果も無視できない。このため第三章「記・紀の王統譜は信じられるか」の中の近畿中央部の大型古墳の編年表については、現在の私の考え方で修正することにした。相対的な前後関係については、その後実態が知られるようになった一部の古墳を除いて大きな変化はないが、絶対的な暦年代について、特に前期から中期前半の古墳については、わずかではあるが全体的に遡らせた。やはり現在の考古学において五年間という期間は決して短くないことを改めて認識させられた。

今回の文庫化に際して、畏友森下章司さんが解説を書いて下さった。拙著に不相応な立派な花を添えていただき、恐縮している。また、新しい古墳の編年図の作成については、大阪府立近つ飛鳥博物館の小栗梓さんに援けていただいた。原本作成時にやはり付図の作成を全面的にご援助いただいた設楽まゆみさんともども、厚くお礼申し上げる。

最後になったが、文庫化に際していろいろ配慮いただいた筑摩書房の町田さおりさん、伊藤正明さん、さらに原本のプリマーブックス版の刊行時に担当いただいた土器屋泰子さんにも、この機会にあらためて感謝申しあげたい。

二〇〇九年八月　　　　白石太一郎

解説

森下章司

「考古学」と「古代史」、一見、仲のよさそうな二つの学問を並べただけの書名のようにもみえる。しかし私は、この二つの「あいだ」の深く、むずかしい関係に対する、著者の強いメッセージを感ずる。

今日の考古学は、調査・研究対象に関して大きな広がりを示している。多くの方々にとっては、考古学といえば縄文や古墳といった古い時代の遺跡を研究する学問、という印象がまだ強いかもしれない。しかし中世・近世の遺跡の発掘調査は全国で当たり前のものであるし、さらに近代の産業遺跡、戦時下の施設を調査する戦跡考古学など、その範囲は昭和の遺跡をも含むようになっている。日本考古学の基礎を築いた濱田耕作が八十年余り前に示した定義、「考古学は過去人類の物質的遺物に拠り人類の過去を研究するの学なり」(『通論考古学』一九二二年)にもあるように、「人類の過去」すべてが研究対象となる。

ただし考古学においては、濱田が用いたもう一つのキーワード、すなわち研究資料としての「物質的遺物」をどのように歴史研究に用いるのかという点において、二つの立場に大きく分かれる。

考古学の扱う資料は、「沈黙の資料」と呼ぶ人もいるように、それだけで過去の人々の活動や社会について詳しく物語るのはむずかしい。文化人類学、民俗学、文献史学など他の学問の助けを借りて、物質資料の背後にある人間活動の実態を復元し、その社会について解釈をおこなうこととなる。そうした協力関係の中で、とりわけつき合い方に注意を要するのは文献史料だ。

旧石器時代や縄文時代に関しては、利用できる文献史料がまったく無いので、純粋に物質資料と考古学の方法だけで検討を進めることになる。この時代の研究に関しては「先史学」という表現もあるほどだ。一方、飛鳥・奈良時代以降では、寺院にしても、宮殿や都市にしても、文献記事と直に結びつく遺跡が存在する。考古学の発掘調査においても文献の利用・参照は当然であり、必要不可欠である。

問題は、本書が扱う弥生時代から古墳時代であり、この時期はそうした資料状況のいわば端境期にあたる。『漢書』、『後漢書』東夷伝、『魏志』倭人伝、『宋書』倭国伝、『古事記』、『日本書紀』など、この頃の倭に関する文献史料はポツポツと残されており、貴重な情報源ではある。しかし、それらを相互に参照し、いわゆる史料批判をおこなえるほどには十分ではない。邪馬台国の所在地や陵墓の被葬者問題のように、文献の記事と考古資料との関係がはっきりしない場合が多い。そのため文献の解釈、その記事内容と考古資料との対照の方法など、さまざまな面において幾通りもの意見が生じてしまう。

研究者ごとの立場の違いも大きい。白石さんの言葉を借りるなら、考古学と文献史学の成果をあわせて研究を進める「総合派」と、両者の方法的違いを明確に意識し、文献史料を用いず、考古資料と考古学的方法だけで歴史研究をおこなう「峻別派」とがある。実際の研究者は、この間のどこかに位置する場合が多く、またその時々の研究テーマに応じて、どちら寄りか、立場を変えるのが普通だ。

白石さんの立場は本書で明確に述べられている。考古学と文献史学は、「資料操作の段階で両者をいっしょにすると、その方法的信頼性が保てなくな」り、「せっかくの相互検証の意味がなくなってしまう」(三二頁)。その一方、「方法上守らなければならない基本的原則を堅持したうえで、積極的に考古学と文献史学の協業をめざすべき」と主張する(三四頁)。両派の中庸をとる態度と誤解されるかもしれないので念を押しておくと、折衷ではなく、双方の方法・立場を徹底せよという考えなのである。

考古学と文献史学を安易に総合すると「なれあい」になる。文献史料はときに雄弁すぎて、考古学が発する小さな声を飲み込んでしまう場合もある。一方「峻別派」は、方法的には純粋なようにみえるが、考古資料から歴史的説明を引き出す際には、社会理論、文化人類学理論など、他の学問分野の成果を参照しているのであり、あらゆる立場から「峻別」されているわけではない。

二つの学問の資料・方法の違いこそ「峻別」した上で、その成果を「総合」し、実りある古代史研究をめざすというのが白石さんの主張である。

このように書いてくると、考古学って思ったより堅苦しい学問だなあと思われる方があるかもしれない。古代史に関しては分らないことがあまりに多く、各人が自由に想像の羽をのばしてもよいのではないか、という考えもあるだろう。

しかし実のところ、このような限られた資料を用い、さまざまな学問の方法との微妙な関係のとり方を工夫することにこそ研究のやりがいがあるのだ。少ない材料から、いかにして新しい見解を引き出してくるか、それが各自の腕の見せどころだ。スポーツと同じく、一定のルールの元でおこなうことに勝負の面白さがあり、頭をひねり、身体を使って資料と格闘する過程そのものに喜びがある。

学問において研究方法は生命線である。しかし歴史研究のような実践においては、そうした方法が現実的に応用できて、はじめて意義がある。人間の活動は複雑で、彼らが残した資料はさらにややこしい。そこから「歴史」を引き出す作業は、ガチガチの方法論だけで片付けられるわけでもない。濱田のいう「人類の過去を研究するの学」が歴史研究を意味するなら、物質資料から出発しても、血の通った人間の学とむすびつかなければ意味がない。

そうした見方から本書を読むと、白石さんの資料に対する「間合いのとり方」や「記述の呼吸」がいろいろと見えてくる。方法の明確性とともに、その応用法の多彩さが本書の魅力である。第一章以下はそうした実践の事例集である。

第一章「『魏志』倭人伝と考古学」や第二章「ヤマト政権の成立」では『魏志』倭人伝の文章が随所に引用されてはいるものの、軸足は明らかに考古学の研究成果にある。この時代の変動をもっとも明白に示す考古資料は古墳である。前方後円墳という特徴的な墳墓の出現とその全国的な展開は、文献史料以上に雄弁に広域の政治連合の登場過程を物語る。そうした考古学的な分析の延長上で、邪馬台国の所在地問題も検討できるのである。

第二章での白石さんの近年の新たな着眼点は、「王と巫女」である。古墳に残された物質資料から、埋葬された人物の性格をどのようにして読み取るのかという論証過程については本文で味わっていただくこととして、ここでは、その記述が、『魏志』倭人伝に描かれた卑弥呼や壱与の性格に関する記述を読者に連想させつつ、考古資料を読み解いてゆくという巧妙な仕掛けになっていることに注意しておきたい。

第三章は、『魏志』倭人伝よりも、さらにつきあい方のむずかしい『古事記』、『日本書紀』との間合いの取り方を主題とする。ここで掲げられている、奈良・大阪の大型古墳の変遷は白石さんが最初に手をつけた研究成果であり、それが政治勢力の推移の説明に存分に利用されている。

第四章は埼玉稲荷山古墳出土鉄剣の象嵌銘《ぞうがんめい》、終章では騎馬民族征服王朝説の新解釈がテーマであるが、余計な解説は省略し、それぞれに異なる資料の料理方法、説明が工夫されていることを言うにとどめたい。

考古学の研究者にはいろいろなタイプがある。ルール違反すれすれ、力押しで突破をはかる猛者型。防御に徹し、他から文句の出ない安全な説だけを述べる防御型、華麗な個人技で突破をはかる技巧派、などなど。

白石さんは、ルール遵守の正攻法型である。古墳の編年をはじめとして、考古資料の年代論をまず重視する。それに基づいて墳墓の特徴や変遷、大型古墳群の移動など、変化や地域的な広がりを整理する。これは考古学において、もっとも基礎的でかつ手堅い手法である。

しかし本書で述べられている主張と立場には、実は大変過激な一面も存在する。考古学界においては、強い言葉や刺激的な用語で極端な意見を述べることが、過激な説とか進歩的な議論と評されることもあるが、この書の過激性はそうしたムキだしの形をとらない。『魏志』倭人伝の記述や記紀の信憑性を、考古学の立場から「史料批判」するという大胆な見解が、さりげない言葉で提示されていることを見逃さないでほしい。

本書の記述は、実に平明かつ理路整然としており、きっちりスーツを着込んだ先生が目前に立ち、やさしい言葉で懇切丁寧に講義を進めておられるような感を受ける。しかし、その講義の途中では、しばしば鋭利な批評が刃を光らせている。

これもまた濱田耕作によってはやくに述べられたことだが、考古学においては、文系・理系を問わず、さまざまな学問との協業が必須である。本書でも触れられているが、近年大きな話題となっている研究成果として、炭素同位体を用いた自然科学的な年代測定法がある。考古学で想定されてきた暦年代観と比べると、一部の説を補強するものもあれば、大きく異なる結果なども提出され、考古学と文献史学の間の場合と同じように、両者の間でさまざまな立場・見解に分かれ、議論を呼んでいる。

考古学はまた、社会との関わりが欠かせない学問でもある。発掘調査による新たな発見などを通じて、マスコミに登場し、社会に向けて情報発信する機会も多い。「古代史を塗りかえる発見」「最古の出土例」など、大きな活字が新聞紙面を飾り、研究者のコメントが掲載される。そこで、あまりにマスコミ寄りに立って発言すると学問の方法的基盤が失われる。その一方、象牙の塔に籠り、純粋性にこだわるなら、社会の中での学問の存立基盤が失われかねない。「峻別」と「総合」は多くの場面に応用可能な立場である。

白石さんの「峻別」と「総合」という方針は最初から確立していたものではない。二つの分野のあいだに立って、悩みを抱いた若き日々については序章で触れられている。

研究者として自立したのちも白石さんは、各分野の研究者が在籍・協業し、また社会との幅広い接点をもつ国立歴史民俗博物館の設立・運営に力をつくした。

本書は、若い人たちを主たる読者対象とした「ちくまプリマーブックス」の一冊として刊行されたものである。自己と他者などさまざまな関係に悩みながら自分の方向を見いだしてゆくという道は、誰もが通りつつも大人になると忘れてしまう。「研究者の青春」を語るという形を借りた、著者から若者へのエールも本書には込められている。

本書は二〇〇四年二月二十日、筑摩書房より「ちくまプリマーブックス」の一冊として刊行されたものである。ただし、『考古学と古代史の間』を『考古学と古代史のあいだ』と改題し、いくつか補筆と訂正をほどこした。

今昔東海道独案内　東篇　今井金吾

いにしえから庶民が辿ってきた幹線道路・東海道。日本人の歴史を、著者が自分の足で辿りなおした名著。東篇は日本橋より浜松まで。（今尾恵介）

今昔東海道独案内　西篇　今井金吾

江戸時代、弥次喜多も辿った五十三次はどうなっていたのか。二万五千分の一地図を手に訪ねる。西篇は浜松より京都までに伊勢街道を付す。（金沢正脩）

物語による日本の歴史　石母田正／武者小路穣

古事記から平家物語まで代表的古典文学を通して、国生みからはじまる日本の歴史を子ども向けにやさしく語り直す。網野善彦編集の名著。（中沢新一）

増補　学校と工場　猪木武徳

経済発展に必要とされる知識と技能は、どこで、どのように修得されたのか。学校、会社、軍隊など、人的資源の形成と配分のシステムを探る日本近代史。

泉光院江戸旅日記　石川英輔

文化九年（一八一二）から六年二ヶ月、鹿児島から秋田まで歩きぬいた野田泉光院の記録を詳細にたどり、描き出す江戸期のくらし。（永井義男）

居酒屋の誕生　飯野亮一

寛延年間の江戸に誕生しすぐに大発展を遂げた居酒屋。しかしなぜ他の都市ではなく江戸だったのか。一次資料を丹念にひもとき、その誕生の謎にせまる。

すし 天ぷら 蕎麦 うなぎ　飯野亮一

二八蕎麦の二八とは？　握りずしの元祖は？　なぜうなぎに山椒？　膨大な一次史料を渉猟しそんな疑問を徹底解明。これを読まずに食文化は語れない！

増補　アジア主義を問いなおす　井上寿一

侵略を正当化するレトリックか、それとも真の共存共栄をめざした理想か。アジア主義を外交史的観点から再考し、その今日的意義を問う。増補決定版。

たべもの起源事典　日本編　岡田哲

駅蕎麦・豚カツにやや珍しい郷土料理、レトルト食品・デパート食堂まで。広義の〈和〉のたべものと食文化事象一三〇〇項目収録。小腹のすく事典！

たべもの起源事典　世界編　岡田哲

西洋・中華、エスニック料理まで。バラエティ豊かな食の来歴を繙けば、そこでは王侯貴族も庶民も共に知恵を絞っていた。全一二〇〇項目で読む食の世界史!

士(サムライ)の思想　笠谷和比古

中世に発する武家社会の展開とともに形成された日本型組織。「家(イエ)」を核にした組織特性と派生する諸問題について、日本近世史家が鋭く迫る。

わたしの城下町　木下直之

攻防の要たる城は、明治以降、新たな価値を担い、日本人の心の拠り所として生き延びる。城と城のようなものを訪ね歩く著者の主著、ついに文庫に!

東京の下層社会　紀田順一郎

性急な近代化の陰で生みだされた都市の下層民。落伍者として捨て去られた彼らの実態に迫り、日本人の人間観の歪みを焙りだす。(長山靖生)

土方歳三日記(上)　菊地明編著

幕末を疾走したその生涯を、綿密な考証で明らかに。上巻は元治元年まで。新選組結成、芹沢鴨斬殺、池田屋事件……時代はいよいよ風雲急を告げる。

土方歳三日記(下)　菊地明編著

鳥羽伏見の戦に敗れ東走する新選組。近藤亡き後、敗軍の将・土方は会津、そして北海道へ。下巻は慶応元年から明治二年、函館で戦死するまでを追う。

江戸の城づくり　北原糸子

一大国家事業だった江戸城の天下普請。大都市・江戸の基盤はいかに築かれたのか。外堀、上水などインフラの視点から都市づくりを再現する。(金森安孝)

独立自尊　北岡伸一

国家の発展に必要なものとは何か――。福沢諭吉は生涯をかけてこの課題に挑んだ。今こそ振り返るべき思想を明らかにした画期的福沢伝。(細谷雄一)

増補 絵画史料で歴史を読む　黒田日出男

歴史学は文献研究だけではない。絵巻・曼荼羅・肖像画など過去の絵画を史料として読み解き、斬新な手法で日本史を掘り下げた一冊。(三浦篤)

滞日十年（上）　ジョセフ・C・グルー　石川欣一訳

日米開戦にいたるまでの激動の十年、どのような外交交渉が行われたのか。駐日アメリカ大使による貴重な記録。上巻は１９３２年から１９３９年まで。

滞日十年（下）　ジョセフ・C・グルー　石川欣一訳

知日派の駐日大使グルーは日米開戦の回避に奔走。下巻は、ついに日米が戦端を開き、１９４２年、戦時交換船で帰国するまでの迫真の記録。（保阪正康）

東京裁判　幻の弁護側資料　小堀桂一郎編

我々は東京裁判の真実を知っているのか？　準備されたものの未提出に終わった膨大な裁判資料から18篇を精選。緻密な解説とともに裁判の虚構に迫る。

頼朝がひらいた中世　河内祥輔

軟禁状態の中、数人の手勢でなぜ源頼朝は挙兵に成功したのか。鎌倉幕府成立論に、史料の徹底的な読解から、新たな視座を提示する。（三田武繁）

一揆の原理　呉座勇一

虐げられた民衆たちの決死の抵抗として語られてきた一揆。だがそれは戦後歴史学が生んだ幻想にすぎない。これまでの通俗的理解を覆す痛快な一揆論！

甲陽軍鑑　佐藤正英校訂・訳

武田信玄と甲州武士団の思想と行動の集大成。大部から、山本勘助の物語や川中島の合戦など、その白眉を収録。新校訂の原文に現代語訳を付す。

機関銃下の首相官邸　迫水久常

二・二六事件では叛乱軍を欺いて岡田首相を救出し、終戦時には鈴木首相を支えた著者が明かす、天皇・軍部・内閣をめぐる迫真の秘話記録。（井上寿一）

増補　八月十五日の神話　佐藤卓己

ポツダム宣言を受諾した「八月十四日」や降伏文書に調印した「九月二日」でなく、「終戦」はなぜ「八月十五日」なのか。「戦後」の起点の謎を解く。

考古学と古代史のあいだ　白石太一郎

巨大古墳、倭国、卑弥呼。多くの謎につつまれた日本の古代。考古学と古代史学の交差する視点からその謎を解明するスリリングな論考。（森下章司）

江戸はこうして造られた　鈴木理生

家康江戸入り後の百年間は謎に包まれている。海岸部へ進出し、河川や自然地形をたくみに生かした都市の草創期を復原する。（野口武彦）

お世継ぎのつくりかた　鈴木理生

多くの子を存分に活用した家康、大奥お世継ぎ戦争の行方、貧乏長屋住人の性意識。性と子造りから江戸の政に迫る仰天の歴史読み物。（氏家幹人）

増補　革命的な、あまりに革命的な　絓《すが》秀実

「一九六八年の革命は「勝利」し続けている」とは何を意味するのか。ニューレフトの諸潮流を丹念に跡づけた批評家の主著、増補文庫化！（王寺賢太）

戦国の城を歩く　千田嘉博

室町時代の館から戦国の山城へ、そして信長の安土城へ。城跡を歩いて、その形の変化を読み、新しい中世の歴史像に迫る。（小島道裕）

性愛の日本中世　田中貴子

稚児を愛した僧侶、「愛法」を求めて稲荷山にもうでる貴族の姫君。中世の性愛信仰・説話を介して、日本のエロスの歴史を覗く。（川村邦光）

琉球の時代　高良倉吉

いまだ多くの謎に包まれた古琉球王国。成立の秘密や、壮大な交易ルートにより花開いた独特の文化を探り、悲劇と栄光の歴史ドラマに迫る。（与那原恵）

増補　倭寇と勘合貿易　田中健夫　村井章介編

14世紀以降の東アジアの貿易の歴史を、各国の国内事情との関連で論じたグローバル・ヒストリーの先駆的名著。（村井章介）

世界史のなかの戦国日本　村井章介

世界史の文脈の中で日本列島を眺めてみるとそこには意外な発見が！　戦国時代の日本はそうとうにグローバルだった！（橋本雄）

増補　中世日本の内と外　村井章介

国家間の争いなんておかまいなし。中世の東アジア人は海を自由に行き交い生計を立てていた。私たちの「内と外」の認識を歴史からたどる。（榎本渉）

博徒の幕末維新　高橋敏

黒船来航の動乱期、アウトローたちが歴史の表舞台に躍り出てくる。虚実を腑分けし、稗史を歴史の中に位置付けなおした記念碑的労作。（鹿島茂）

増補〈歴史〉はいかに語られるか　成田龍一

「国民の物語」としての歴史は、総動員体制下いかに機能したか。多様なテキストから過去／現在を語る装置としての歴史を問い直す。（福井憲彦）

日本の百年（全10巻）　鶴見俊輔／松本三之介／橋川文三／今井清一編著

明治・大正・昭和を生きてきた人々の息づかいが実感できる、臨場感あふれた迫真のドキュメント。いま私たちが汲みとるべき歴史的教訓の宝庫。

明治国家の終焉　坂野潤治

日露戦争後の財政危機が官僚閥と議会第一党の協調による「一九〇〇年体制」を崩壊させた。戦争を招いた二大政党制の迷走の歴史を辿る。（空井護）

近代日本とアジア　坂野潤治

近代日本外交は、脱亜論とアジア主義の対立構図により描かれてきた。そうした理解が虚像であることを精緻な史料読解で暴いた記念碑的論考。（苅部直）

増補 モスクが語るイスラム史　羽田正

モスクの変容――そこには宗教、政治、経済、美術、人々の生活をはじめ、イスラム世界の全歴史が刻み込まれている。その軌跡を色鮮やかに描き出す。

餓死《うえじに》した英霊たち　藤原彰

第二次大戦で死没した日本兵の大半は飢餓や栄養失調によるものだった。彼らのあまりに悲惨な最期を詳述し、その責任を問う告発の書。（一ノ瀬俊也）

裏社会の日本史　フィリップ・ポンス　安永愛訳

中世における賤民から現代社会の経済的弱者まで、また江戸の博徒や義賊から近代以降のやくざまで――フランス知識人が描いた貧困と犯罪の裏日本史。

古代の朱　松田壽男

古代の赤色顔料、丹砂。地名から産地を探ると同時に古代史が浮き彫りにされる。標題論考に、「即身佛の秘密」、自叙伝「学問と私」を併録。

北一輝　渡辺京二
明治天皇制国家を批判し、のち二・二六事件に連座して刑死した日本最大の政治思想家北一輝の生涯。第33回毎日出版文化賞受賞の名著。（臼井隆一郎）

民衆という幻像
渡辺京二コレクション2　民衆論
渡辺京二
小川哲生編
生活民が抱く「前近代」と、近代市民社会との軋み。著者生涯のテーマ「ひとりの小さきものの実存と歴史の間の深淵」をめぐる三九篇を収録。（髙山文彦）

中世を旅する人びと　阿部謹也
西洋中世の庶民の社会史。旅籠が客に課す厳格なルールや、遍歴職人必須の身分証明のための暗号など、興味深い史実を紹介。（平野啓一郎）

中世の星の下で　阿部謹也
中世ヨーロッパの庶民の暮らしを具体的、克明に描き、その歓びと涙、人と人との絆、深層意識を解き明かした中世史研究の傑作。（網野善彦）

中世の窓から　阿部謹也
中世ヨーロッパに生じた産業革命にも比する大転換——。名もなき人びとの暮らしを丹念に辿り、その全体像を描き出す。大佛次郎賞受賞。（樺山紘一）

1492 西欧文明の世界支配
ジャック・アタリ
斎藤広信訳
1492年コロンブスが新大陸を発見したことで、アメリカをはじめ中国・イスラム等の独自文明は抹殺された。現代世界の来歴を解き明かす一冊。

憲法で読むアメリカ史(全)　阿川尚之
建国から南北戦争、大恐慌と二度の大戦をへて現代まで。アメリカの歴史は常に憲法を通じ形づくられてきた。この国の底力の源泉へと迫る壮大な通史！

専制国家史論　足立啓二
封建的な共同団体を欠いた専制国家・中国。歴史的にこの国はいかなる展開を遂げてきたのか。中国の特質と世界の行方を縦横に考察した比類なき論考。

暗殺者教国　岩村忍
政治外交手段として暗殺をくり返したニザリ・イスマイリ教国。広大な領土を支配したこの国の奇怪な活動を支えた教義とは？（鈴木規夫）

ちくま学芸文庫

考古《こうこ》学《がく》と古《こ》代史《だいし》のあいだ

二〇〇九年 九 月十日 第一刷発行
二〇一八年十二月十日 第三刷発行

著 者 白石太一郎（しらいし・たいちろう）

発行者 喜入冬子
発行所 株式会社 筑摩書房
東京都台東区蔵前二―五―三 〒一一一―八七五五
電話番号 〇三―五六八七―二六〇一（代表）
装幀者 安野光雅
印刷所 三松堂印刷株式会社
製本所 三松堂印刷株式会社

ISBN978-4-480-09244-1 C0121